101

French Proverbs

Jean-Marie Cassagne • Illustrated by Luc Nisset

New York Chicago San Francisco Lisbon London Madrid Mexico City
Milan New Delhi San Juan Seoul Singapore Sydney Toronto

1 2 3 4 5 6 7 8 9 10 11 12 13 14 15 16 17 18 19 20 21   FGR/FGR   0 9

ISBN 978-0-07-161555-6 (book and MP3 disk set)
MHID   0-07-161555-5 (book and MP3 disk set)

ISBN 978-0-07-161556-3 (book for set)
MHID   0-07-161556-3 (book for set)

Library of Congress Control Number: 2008935412

McGraw-Hill books are available at special quantity discounts to use as premiums and sales promotions or for use in corporate training programs. To contact a representative, please visit the Contact Us pages at www.mhprofessional.com.

MP3 Files

The disk contains MP3 audio recordings that accompany the book.

To download: Double-click on MY COMPUTER, find and open your CD-ROM disk drive, and double-click on the 101 French Proverbs icon.

The MP3 files can be played on your computer and loaded onto your MP3 player. For optimum use on the iPod:

1. Open iTunes on your computer.
2. Drag folder "Copy to iTunes Music Library" into the Music Library in the iTunes menu.
3. Sync your iPod with iTunes and eject iPod.
4. Locate recordings on your iPod by following this path:
   Main menu: Music
   Music menu: Artists
   Artist menu: French: 101 Proverbs

Call 1-800-722-4726 if the MP3 disk is missing from this book.
For technical support go to
http://www.mhprofessional.com/support/technical/contact.php

This book is printed on acid-free paper.

Contents

Section Four:
La Bonne Chère—
Eating in Style   43-54
Il faut casser le noyau pour avoir l'amande □ On ne peut pas avoir le beurre et l'argent du beurre □ Il ne faut jamais dire "Fontaine, je ne boirai pas de ton eau!" □ Il faut savoir donner un œuf pour avoir un bœuf □ C'est la poule qui chante qui a fait l'œuf □ Ce sont les tonneaux vides qui font le plus de bruit □ Qui casse les verres les paie Donne au chien l'os pour qu'il ne convoite pas ta viande □ Quand le vin est tiré, il faut le boire □ On ne peut pas être à la fois au four et au moulin

Section Five:
La Vie au quotidien—
Life Day by Day   55-66
Il ne faut jamais mettre la charrue avant les bœufs □ Qui n'entend qu'une cloche n'entend qu'un son □ Un clou chasse l'autre □ Il ne faut jamais jeter le manche après la cognée □ Tant va la cruche à l'eau qu'à la fin elle se casse □ Il vaut mieux être marteau qu'enclume □ Les murs ont des oreilles □ A mauvais ouvrier point de bons outils □ Il faut qu'une porte soit ouverte ou fermée □ Il n'est si méchant pot qui ne trouve son couvercle

Section Six:
Les Gens—
People   67-80
Les conseilleurs ne sont pas les payeurs □ Quand le diable devient vieux, il se fait ermite □ Il ne sert à rien de déshabiller Pierre pour habiller Paul □ Qui veut la fin veut les moyens □ Il vaut mieux s'adresser à Dieu qu'à ses saints □ Il ne faut pas juger les gens sur la mine □ Aux innocents les mains pleines □ A père avare, fils prodigue □ Comme on connaît ses saints, on les honore □ Qui se ressemble s'assemble □ Autant de têtes autant d'avis □ Si jeunesse savait, si vieillesse pouvait

Section Seven:
La Planète bleue—
The Blue Planet   81-94
L'arbre cache souvent la forêt □ Entre l'arbre et l'écorce il ne faut pas mettre le doigt □ Qui craint le danger ne doit pas aller en mer □ Il n'y a que les montagnes qui ne se rencontrent jamais □ Tous les goûts sont dans la nature □ Paris ne s'est pas fait en un jour □ Avec des si, on mettrait Paris en bouteille □ En tout pays, il y a une lieue de mauvais chemin □ Nul n'est prophète en son pays □ Les petits ruisseaux font les grandes rivières □ Qui terre a, guerre a □ Qui veut voyager loin ménage sa monture

Foreword

By stating basic principles of traditional wisdom and conduct, proverbs are an integral part of daily speech in modern languages.

Each language has its own proverbs. In some cases, the phrasing of a French proverb is unique and represents a particular view of life from the vantage point of French culture. In other cases, a French proverb can have an almost identical English-language equivalent. Very often the precepts of one culture are the precepts of another, for they are an outgrowth of common experiences.

Proverbs are relatively easy for nonnative speakers to learn and use. Once the concept of the proverb is understood, students can often relate it to similar concepts in their own languages.

101 French Proverbs is designed to help students of French understand and use proverbs that relate to everyday situations. For this reason, the proverbs in this book are grouped in nine thematic sections. This logical positioning of the proverbs facilitates student understanding and acquisition of proverbs for use in particular contexts.

The proverbs included in **101 French Proverbs** are among those that are most familiar to and most frequently used by native speakers of French. Each proverb is presented in its most common form, together with a literal translation in parentheses and an equivalent English-language proverb below it. The wording and definitions selected for this book are intended to help students achieve a basic understanding of each proverb.

A cartoon and either a short dialogue or narration are also provided to help illustrate the meaning and usage of each proverb. The dialogues and narrations serve two purposes: to give an understanding of the proverb in a normal, everyday setting, and to enhance the students' awareness of natural speech and writing in French. The illustrations add an element of humor while helping to convey the meaning of each proverb.

Translations of the dialogues and narrations have been provided at the back of the book as a further aid to understanding. An index is also included to facilitate recall and location of the proverbs.

101 French Proverbs is an excellent tool for teaching an aspect of French that is such an integral part of the language. This book is intended for anyone who has an interest in learning more about French language and culture. Whether you are currently studying French, are planning a trip to a French-speaking country, or simply want a glimpse of how French culture views the world, you will find yourself referring to this collection of colorful French proverbs. You also will benefit from and enjoy the wealth of linguistic and cultural information to be found in this selection of **101 French Proverbs.**

Section One
Nos Amies les bêtes
Our Animal Friends

1 Il y a plus d'un âne à la foire qui s'appelle Martin

(there's more than one donkey called Martin in the market place)
don't jump to conclusions

— Je suis très inquiète pour ma nièce. Elle est fiancée à Philippe Durand et j'ai lu dans le journal qu'un Philippe Durand a été condamné par la justice.

— Pourquoi est-ce qu'il a été condamné ?

— Parce qu'il conduisait beaucoup trop vite. Et ma nièce est précisément passionnée de voitures de sport, comme son fiancé.

— Calme-toi ! **Philippe Durand est un nom très commun en France** et ce n'est peut-être pas la même personne.

— C'est vrai. Dans le journal, il n'y avait pas de photo et **il y a plus d'un âne à la foire qui s'appelle Martin.** Je vais téléphoner à ma nièce pour me renseigner.

2 Un âne gratte l'autre

(one donkey scratches another one)
little things please little minds

— Je suis allé faire des courses au supermarché et j'ai aperçu Bernard, le fils de la voisine.

— Bernard ? Ce jeune garçon un peu stupide ? Celui qui a de gros problèmes à l'école ?

— Oui. Et il jouait à des jeux idiots avec des enfants que je connais; Ils ne sont pas très intelligents non plus. Bernard admirait leurs vêtements sales et participait à leur conversation idiote.

— C'est normal: **un âne gratte l'autre.**

— Eh oui ! Malheureusement, **les gens stupides cherchent rarement la compagnie de personnes intelligentes.**

4

3 Qui vole un œuf vole un bœuf

(he who steals an egg will steal an ox)
give someone an inch and he'll take a mile

— Chéri, ce matin un mendiant est venu frapper à la porte de la maison.

— Et tu lui as ouvert ?

— Oui. Tu sais que j'ai bon cœur. Il est entré dans la cuisine et je lui ai donné à manger. Et, pendant que j'avais le dos tourné, il a volé une pomme.

— Alors, je t'interdis d'ouvrir à nouveau notre porte à ce mendiant !

— Mais pourquoi ? C'était seulement une pomme.

— **Qui vole un œuf vole un bœuf. S'il est capable de voler une pomme, il pourrait aussi voler quelque chose de plus précieux:** de l'argent, tes bijoux ou... ma collection de balles de tennis dédicacées.

4 Qui se fait brebis le loup le mange

(he who makes himself a ewe
is eaten by the wolf)
nice guys finish last

Eva est une jeune fille intelligente qui a fait de bonnes études de droit. Elle vient d'obtenir son diplôme, et elle a immédiatement trouvé du travail dans un cabinet d'avocats.

Comme elle veut plaire au directeur et à ses collègues, elle accepte de faire tous les petits travaux sans intérêt: elle prépare le café, elle ouvre les enveloppes, elle classe les archives.

Mais **elle a voulu être trop humble et les autres l'exploitent.** Après six mois dans ce cabinet, elle n'a pas encore eu un seul dossier intéressant à étudier.

C'est sa faute: **qui se fait brebis le loup le mange.**

5 Chat échaudé craint l'eau froide

(a scalded cat fears cold water)
once bitten twice shy

[Pierre et Alain, deux amis, vont au restaurant dans la voiture de Pierre.]

— Alain, tu ne mets pas ta ceinture de sécurité ?

— Non, c'est inutile. Le restaurant n'est pas très loin et nous sommes en ville. Tu ne vas pas rouler vite.

— Moi, je mets toujours ma ceinture depuis mon accident de l'année dernière. Je n'avais pas ma ceinture et je me suis cassé le nez contre le pare-brise.

— Ah oui ! Je sais que **tu es devenu très prudent et que tu fais tout pour éviter les accidents.**

— En effet. Je prends un maximum de précautions. **Chat échaudé craint l'eau froide.** Mets ta ceinture !

6 Ne réveillez pas le chat qui dort

(don't wake up the sleeping cat)
let sleeping dogs lie

[Béatrice vient de déménager. Elle habite maintenant une petite ville et elle parle avec sa nouvelle voisine.]

— Je suis très contente de vivre ici. Les gens sont gentils et la campagne n'est pas loin.

— Où est-ce que vous habitiez avant ?

— A Paris. Mon mari adore les grandes villes et il avait un bon travail bien payé. Mais je trouvais que la vie à Paris était difficile et j'ai insisté pour déménager ici. Mon mari a accepté.

— Et il ne regrette pas son ancienne vie ?

— Un peu. Mais... chut ! **Ne réveillez pas le chat qui dort ! Ne lui parlez pas de cela !** Peut-être qu'il changerait d'avis.

— **Je n'évoquerai pas ce sujet quand je parlerai avec lui,** c'est promis.

7 Bon chien chasse de race

(a good dog hunts well thanks to its ancestry)
like breeds like

Ce soir, il y a un concert de piano en ville. C'est un événement exceptionnel car la pianiste, Sylvie Dumont, est un jeune prodige: elle a neuf ans et elle joue comme une professionnelle.

Elle n'a étudié le piano que quelques années, mais elle comprend tout et elle joue sans effort. Ce n'est pas vraiment surprenant: son père est un célèbre professeur de violon et sa mère est danseuse de ballet. **Sylvie a hérité les qualités de ses parents.**

Personne n'est étonné des talents de la petite fille: **bon chien chasse de race.** Le problème maintenant, c'est de trouver une chaise à la taille de Sylvie pour le concert !

8 Les chiens ne font pas des chats

(dogs don't make cats)
the apple doesn't fall far from the tree

M. Delmas est champion de France d'échecs. Il a un fils qui a maintenant douze ans, et il a décidé de l'inscrire dans un club de football.

Le petit garçon a fait des efforts pour bien jouer: il a beaucoup couru et il est allé régulièrement s'entraîner au stade mais il n'a pas très bien réussi dans ce sport.

Il a donc abandonné et il a appris à jouer aux échecs. Aujourd'hui, c'est le meilleur joueur de son club et il participe à des compétitions internationales.

Les chiens ne font pas des chats. M. Delmas est excellent dans les jeux de réflexion et **son fils suit ses traces.** A quand le titre de champion du monde ?

9 Les chiens aboient, la caravane passe

(the dogs bark, the caravan passes by)
to each his own

— Tu sais que je viens d'acheter une maison. J'ai envie de faire une véranda mais mon voisin pense que ce n'est pas une bonne idée. Je vais quand même la construire.

— Ah bon ?

— Nous devions aussi changer de voiture. J'ai acheté une grosse familiale, mais mon cousin pense que ce n'est pas ce qu'il me faut.

— Je vois que tu es très critiqué.

— Ce n'est rien. **Les chiens aboient, la caravane passe. Je laisse les autres parler et je fais ce que je juge bon.**

10 Qui naît poule aime à caqueter

(one who was born a hen likes to cackle)
a leopard cannot change its spots

[Annie parle à son amie Brigitte.]

— Hier, mon mari et moi étions invités à un dîner chez les Frémont. Mon mari a commencé à dire à sa voisine de table qu'elle était très belle dans sa robe noire.

— Tu sais que ton marie adore faire des compliments aux femmes...

— Oui, et je lui ai dit d'arrêter. Il a résisté un moment mais, une heure plus tard, il a affirmé à mon amie Marie qu'elle était la plus jolie des blondes. Puis il a déclaré à Sophie qu'il aimait beaucoup ses yeux bleus.

— **Qui naît poule aime à caqueter !** Ton mari adore parler, c'est dans sa nature. **Il est comme ça, tu ne le changeras pas.** Moi aussi, je voudrais avoir un mari qui sait faire des compliments.

11 Ce n'est pas la vache qui crie le plus fort qui fait le plus de lait

(it is not the cow that moos the loudest that gives the most milk)
talkers are not doers

— Alors, tu prépares toujours ton examen d'entrée à l'université ?

— Oui, j'étudie six heures par jour et je vais tous les soirs au lit à neuf heures.

— Donc, tu es prêt ?

— Plus ou moins. Mais je suis quand même un peu inquiet.

— Pourquoi ?

— A cause de Luc, un étudiant de ma classe. Il dit qu'il travaille dix heures par jour, qu'il connaît tous les cours par cœur et qu'il a lu des tonnes de livres. Il raconte à tout le monde qu'il est certain de réussir l'examen. Ce n'est pas mon cas.

— Pas de panique ! **Ce n'est pas la vache qui crie le plus fort qui fait le plus de lait.** Continue à étudier à ton rythme et tu réussiras. **Ne te préoccupe pas des gens qui parlent beaucoup !**

12 Petit à petit, l'oiseau fait son nid

(little by little the bird builds his nest)
every little bit helps

— Grand-père, comment est-ce que tu es devenu riche ?

— La vie n'a pas toujours été facile pour moi. Quand j'étais jeune, je vendais des ampoules électriques dans la rue. Je ne mangeais pas tous les jours à ma faim parce que j'économisais l'argent pour acheter un magasin. Et un jour, j'ai acheté à crédit un petit magasin et j'ai commencé à vendre des radios et des téléviseurs. J'ai gagné de l'argent et j'ai ouvert un supermarché d'appareils électriques, puis un deuxième, puis beaucoup d'autres... Comme tu vois **petit à petit, l'oiseau fait son nid.**

— Et maintenant, tu possèdes des magasins dans tout le pays. Mais je comprends que tout cela n'a été ni facile, ni rapide, et que **tu es devenu riche peu à peu** grâce à ta patience et à ton travail.

Section Two
Les Bêtes sauvages
Animals in the Wild

13 Faute de grives, on mange des merles

(for want of thrushes, one eats blackbirds)
half a loaf is better than none

Il fait très chaud aujourd'hui. M. et Mme Ponsard veulent aller à la plage avec leurs deux enfants; ils préparent les maillots de bain, les serviettes et les jouets et montent dans la voiture.

Mauvaise surprise: elle refuse de démarrer. La batterie est complètement déchargée, il est impossible de partir.

Les enfants commencent à pleurer parce qu'ils veulent absolument se baigner. M. Ponsard a alors une idée: il gonfle une petite piscine en plastique, l'installe dans le jardin et la remplit d'eau.

"Faute de grives, on mange des merles", dit-il aux enfants. "Nous ne pouvons pas aller à la mer et **vous devrez vous contenter de cette piscine. C'est mieux que rien** et, au moins, nous n'aurons pas à chercher une place de parking près de la plage."

14 La caque sent toujours le hareng

(the herring barrel always reeks of herring)
what's bred in the bone
will come out in the flesh

Marcel est un ancien ouvrier sans éducation qui vient de gagner le grand prix du Loto. Il est maintenant très riche, possède trois Ferrari et s'habille avec luxe, mais il n'est toujours pas très raffiné. Aujourd'hui, il se rend avec son épouse dans le plus grand restaurant de Paris. Il regarde la carte et demande au maître d'hôtel:

— Qu'est-ce que c'est exactement, le caviar ?
— Des œufs d'esturgeon, Monsieur.
— Très bien. Donnez-moi donc trois de ces œufs en omelette !

Le maître d'hôtel ne fait aucun commentaire, mais il pense: **"La caque sent toujours le hareng. Il est vraiment difficile de cacher ses origines...** A propos, maintenant, comment est-ce que je vais préparer cette omelette ?"

15 Il ne faut jamais courir deux lièvres à la fois

(one should not chase after two hares at the same time)
don't try to do two things at once

— Mireille, qui est le garçon avec qui tu étais au cinéma hier soir ?

— Il s'appelle Marc. Il est beau, n'est-ce pas ?

— Oui et il a l'air très sympathique. C'est lui ton nouveau fiancé ?

— Pas exactement. Je l'aime bien mais je trouve que Bernard est plus intéressant.

— Qui est Bernard ?

— Tu le connais. Il est dans ma classe. Il est très grand et très musclé et j'aimerais bien qu'il m'invite en discothèque un soir.

— Mireille, fais attention ! **Il ne faut jamais courir deux lièvres à la fois.**

— Je sais. Et tu penses que je ne devrais pas ?

— Non. **Il n'est jamais bon de poursuivre deux objectifs contradictoires en même temps.**

16 Un chien vivant vaut mieux qu'un lion mort

(a live dog is worth more than a dead lion)
a bird in the hand is worth two in the bush

— Est-ce qlue tu as finalement trouvé un appartement ?

— Oui et non. J'hésite encore. J'ai trouvé un appartement assez grand pour 500 euros par mois. Si je veux, je peux y entrer demain. D'un côté, j'ai visité un appartement très grand et très bien situé pour le même prix. Mais le propriétaire a reçu plusieurs offres. Il a dit qu'il me téléphonerait la semaine prochaine. J'ai des chances.

— Se j'étais toi, je prendrais le premier appartement. **Un chien vivant vaut mieux qu'un lion mort.** Si tu attends une semaine de plus, **tu n'auras peut-être pas le second et le premier sera pris.** Tu auras tout perdu. Et souviens-toi: ça fait déjà trois mois que tu cherches...

17 La faim chasse le loup du bois

(hunger flushes the wolf out of the woods)
necessity knows no law

Alfred est un artiste de génie. C'est sans doute le meilleur peintre de sa génération. Il a peint cinq tableaux qui sont cinq chefs-d'œuvre. Il les a vendus un très bon prix et aussitôt, il a décidé d'arrêter de travailler.

Alfred a dépensé tout son argent en voitures de sport, voyages et grands restaurants. Aujourd'hui, il ne lui reste presque rien.

Il ne veut pas travailler mais **la faim fait sortir le loup du bois** et tous les amateurs d'art moderne sont heureux d'apprendre qu'Alfred **va peindre à nouveau.** Mais uniquement **parce qu'il a besoin d'argent !**

18 Quand on parle du loup, on en voit la queue

(when you speak of the wolf, you see his tail)
speak of the devil (and he will appear)

— Est-ce que tu es resté en contact avec nos anciens camarades d'école ?

— Oui. Julien est maintenant médecin à Marseille et il me téléphone de temps en temps. Florent vit en Afrique et il m'écrit régulièrement. André m'envoie tous les ans une carte pour le premier janvier.

— Et Simon, qu'est-ce qu'il est devenu ?

— Il ne fait rien. Il habite toujours ici et il essaie d'emprunter de l'argent à tout le monde...

[On frappe à la porte de la maison.]

— ... Entrez !... Ah ! **Quand on parle du loup, on en voit la queue.** Bonjour, Simon. Comment vas-tu ? **Nous étions justement en train de parler de toi quand tu es arrivé.**

19 Les loups ne se mangent pas entre eux

(wolves don't eat each other)
dogs do not eat dogs

— Bonjour, Madame la directrice. Vous m'avez demandé de venir vous voir à l'école ?

— Oui, Monsieur Béranger. Nous avons des problèmes avec votre fils. Comme vous le savez, il est très fort pour son âge et il frappe ses camarades. Il est toujours en train de les embêter, dans la classe et dans la cour de récréation.

— Je suis désolé de l'apprendre.

— Votre fils se bat avec tout le monde... Ah non ! Pas exactement avec tout le monde ! Il y a dans l'école un garçon qui est aussi très grand et très fort; votre fils ne le touche jamais.

— Evidemment. **Les loups ne se mangent pas entre eux.**

— Votre fils est logique sur ce point: **les gens forts ne s'attaquent pas à ceux qui sont aussi forts qu'eux.**

20 Il ne faut pas vendre la peau de l'ours avant de l'avoir tué

**(one should not sell the bearskin
before killing the bear)**
don't count your chickens
before they're hatched

— Regarde, Maman ! Je viens d'acheter deux hamsters et je vais les élever. Bientôt, j'en aurai des milliers, je les vendrai, je ferai d'autres bonnes affaires et je t'achèterai des diamants.

— Attends un peu ! Qu'est-ce que tu vas faire exactement ?

— Quand mes hamsters auront des bébés, je les vendrai. Avec l'argent, j'achèterai des lapins et je ferai la même chose. Alors, j'achèterai des chevaux et puis toute une ferme. Alors, Maman, qu'est-ce que tu préfères ? Un bracelet ou une bague en diamants ?

— Tes projets sont intéressants mais **il ne faut pas vendre la peau de l'ours avant de l'avoir tué.** Tu as beaucoup d'idées **mais tu n'as pas encore fait fortune.**

— Euh... Peut-être... A propos, est-ce que tu pourrais me donner un peu d'argent pour acheter une cage ?

21 Les gros poissons mangent les petits

(big fish eat little fish)
big fish eat little fish

Après des années passées à Paris, Mme Leroy revient dans sa petite ville. Elle se souvient que la pâtisserie de la rue Pasteur faisait d'excellents gâteaux et elle va immédiatement en acheter.

Mais il n'y a plus rien à cette adresse, seulement un parking. Mme Leroy va alors à la pâtisserie de la rue de l'Eglise: elle est fermée elle aussi.

Mme Leroy interroge un passant. "Dans cette ville, **beaucoup de magasins ont fermé à cause de la concurrence du supermarché**" explique-t-il. "Très peu ont résisté: **les gros poissons mangent les petits.**"

— Je n'ai pas de chance, —dit Mme Leroy—, j'ai horreur de la pâtisserie industrielle.

22 Qui se couche avec les chiens se lève avec des puces

(he who goes to bed with dogs gets up with fleas)
if you lie down with dogs, you will
get up with fleas

[Mme Larch'ey téléphone à sa sœur.]

— Ce matin, des policiers sont venus à la maison. Ils voulaient parler à Sébastien.

— Pourquoi ? Qu'est-ce que ton fils a fait ? C'est un garçon calme, d'habitude.

— Oui. Mais les policiers m'ont dit qu'ils ont vu plusieurs fois Sébastien avec des membres d'un gang de voleurs. Or, cette nuit, des voitures ont été ouvertes dans notre rue et quinze auto-radios ont disparu.

— Et, bien sûr, la police soupçonne Sébastien. **Ton fils paie les conséquences de ses mauvaises fréquentations.**

— Exactement. J'ai défendu Sébastien mais l'inspecteur m'a dit: **"Qui se couche avec les chiens se lève avec des puces"**. Il a peut-être raison...

23 On ne marie pas les poules avec les renards

(one does not wed hens with foxes)
different strokes for different folks

— Monsieur le directeur, des clients de l'hôtel se plaignent.

— Que se passe-t-il ? Un problème de service ? De personnel ?

— Non, non, pas du tout. Mais certains clients voudraient changer de chambre. Ce sont des scientifiques qui veulent se reposer un peu avant un important congrès. Au même étage, près de leurs chambres, il y a une équipe de football qui fête sa victoire et les joueurs sont plutôt bruyants.

— Je comprends. **On ne marie pas les poules avec les renards.** Donnez d'autres chambres à ces scientifiques. **Il ne faut pas mettre au même endroit des gens si différents.**

24 Ce n'est pas à un vieux singe qu'on apprend à faire la grimace

(one doesn't teach an old ape to make faces)
there's no substitute for experience

C'est le jour des examens au collège. Le professeur a remarqué qu'un élève regardait très souvent sa main gauche. Il s'approche:

— François ! Montre-moi ce que tu tiens dans ta main gauche !

— Rien, professeur, rien, je vous assure...

— Je te rappelle que ceci est un examen et que tu ne peux utiliser aucun document. Ouvre ta main !

— D'accord, professeur, vous avez gagné: j'ai un petit papier sur lequel j'ai écrit les formules de chimie. Mais comment avez-vous deviné ?

— **Ce n'est pas à un vieux singe qu'on apprend à faire la grimace.** Moi aussi, j'ai été étudiant avant d'être professeur. **Je connais les habitudes des élèves et les moyens de tricher.**

25 Souris qui n'a qu'un trou est bientôt prise

(a mouse that has only one hole is soon caught)
better safe than sorry

Pierre et Marie, un jeune couple, veulent aller au cinéma ce soir. Mais ils ont un petit bébé de six mois et ils doivent trouver quelqu'un pour le garder.

La mère de Marie a promis de venir mais elle habite à l'autre extrémité de la ville: elle doit trouver un taxi et elle n'est pas certaine d'être là à l'heure. Pierre conseille donc à Marie de demander à la voisine si elle peut garder le bébé et peut-être aussi de chercher une baby-sitter parce **que souris qui n'a qu'un trou est bientôt prise.**

Si la mère de Marie ne peut pas arriver à l'heure, le couple ne pourra pas aller au cinéma et **il faut** donc **prévoir d'autres solutions de rechange.**

26 Le loup retourne toujours au bois

(the wolf always goes back to the woods)
one always goes back to one's roots

Mme Lucas était professeur de mathématiques au lycée de la ville. L'année dernière, elle a eu 65 ans et elle a pris sa retraite.

Au début, elle était très contente de sa nouvelle situation parce qu'elle avait beaucoup de temps libre.

Mais **le loup retourne toujours au bois** et après quelques mois, Mme Lucas a **décidé de donner des cours de maths gratuits** aux élèves en difficulté.

Et plusieurs de ses anciens élèves, qui n'avaient jamais travaillé sérieusement, sont venus lui demander de les aider. Certains avait déjà plus de 40 ans.

Section Three
Les Métiers
Occupations

27 A l'œuvre on reconnaît l'artisan

(by his work one recognizes the workman)
you can tell an artist by his handiwork

— Professeur, voilà mon devoir de mathématiques !

— Merci, Arthur. Je vais le lire rapidement... C'est très bien. Excellent ! Dis-moi, tu as fait ce devoir tout seul ? Je suis un peu surpris.

— Euh... Mon père m'a aidé pour quelques questions.

— C'est exactement ce que je pensais. **A l'œuvre on reconnaît l'artisan.** Je connais ton niveau en mathématiques et **quand j'ai vu ce devoir, j'ai su immédiatement que quelqu'un t'avait aidé.**

28 Charbonnier est maître chez lui

(a coalman is master in his house)
a man's home is his castle

— J'ai rencontré notre nouveau voisin ce matin et nous avons parlé ensemble pendant quelques minutes.

— Est-ce qu'il est sympathique ?

— Oui, mais il a des idées étranges: il veut couper tous les arbres de son jardin et remplacer les plantations de fleurs par des légumes. Il souhaite aussi démolir la petite fontaine devant la maison.

— Quoi ! Mais c'est épouvantable ! Je vais immédiatement le voir pour le dissuader de faire ces modifications.

— Non. **Charbonnier est maître chez lui.** Je n'aime pas non plus ses idées mais **c'est sa maison et il fait ce qu'il veut chez lui,** même si cela nous semble stupide.

29 Les cordonniers sont toujours les plus mal chaussés

(shoemakers are always the worst shod)
the shoemaker's son always goes barefoot

Marc Hamel est un architecte français célèbre dans le monde entier: il a construit la grande bibliothèque de New York, le grand stade de Tokyo et la tour géante de Toronto.

Hier, il m'a invité chez lui et j'ai été horrifié: l'agencement de sa maison n'est pas du tout fonctionnel; le salon est minuscule et très encombré; les chambres sont immenses sans aucun rangement.

On a raison de dire que **les cordonniers sont toujours les plus mal chaussés**. Marc, **ce génie de l'architecture vit dans une maison très négligée.**

30 Un chien regarde bien un évêque

(a dog may well look at a bishop)
a cat may look at a king

— Je travaille énormément au bureau en ce moment: il y a beaucoup d'activité et je fais des heures supplémentaires. En plus, mon collègue est malade et je dois aussi faire son travail.

— Demande donc une augmentation au directeur général !

— Je n'ose pas: je ne suis qu'un petit employé et je ne crois pas qu'il acceptera de me recevoir dans son bureau.

— Et pourquoi pas ? **Un chien regarde bien un évêque.** Toi aussi, **tu as le droit de parler à ce personnage important.**

31 C'est en forgeant qu'on devient forgeron

(it is by forging and forging again that one becomes a blacksmith)
practice makes perfect

— Je suis en train d'apprendre à jouer au bridge. C'est un jeu extrêmement intéressant mais très difficile. Je commence à me demander si je ne vais pas abandonner parce que j'ai l'impression de ne pas beaucoup progresser.

— Est-ce que tu joues souvent ?

— Non. A peine une fois par semaine. Mais je lis beaucoup de livres de bridge.

— Ce n'est pas suffisant. Il faut jouer plus souvent, tous les jours si tu peux. **La seule manière de faire des progrès, c'est de pratiquer régulièrement. C'est en forgeant qu'on devient forgeron.** De toutes façons, au bridge, ce sont les vingt premières années qui sont difficiles. Après, ça va tout seul...

32 L'occasion fait le larron

(the opportunity makes the robber)
opportunity makes a thief

— Regarde ! Voilà une place de parking ! Je vais me garer là...
Voilà... Je coupe le contact. Je ferme les portes... C'est parfait! Nous
sommes juste en face du cinéma.

— Attends ! Tu as fermé les portes et tu as laissé ton auto-radio
dans la voiture.

— Oui. Et alors ?

— Mais c'est un appareil très perfectionné et qui vaut très cher, je
crois. Tu n'as pas peur qu'on te le vole ?

— Non. C'est un quartier très calme, ici. Il n'y a aucun risque.

— **L'occasion fait le larron,** tu sais. **Il ne faut pas tenter les
gens.** Quelqu'un peut passer près de la voiture, voir l'auto-radio par
hasard et décider de le voler. Et je voudrais bien pouvoir écouter le
bulletin d'informations quand nous sortirons du cinéma.

33 C'est au pied du mur qu'on voit le maçon

(it is at the base of the wall that one can see the bricklayer)
the tree is known by its fruit

[Deux professeurs d'université discutent.]

— Le directeur du département de langues m'a dit que nous allons avoir un nouveau collègue en septembre, M. Trivier. Il enseignera l'anglais. Il arrive ici précédé d'une excellente réputation: il est docteur en anglais et il possède une multitude de diplômes dans d'autres langues. Il a aussi longtemps vécu en Afrique anglophone.

— C'est très joli tout ça mais est-ce que c'est un bon professeur ?

— Je ne sais pas. Il n'a jamais enseigné, je crois que cette université sera sa première expérience professionnelle.

— Je vois. Tous ses diplômes ne signifient pas grand-chose. **J'attends de voir M. Trivier au travail avant de porter un jugement sur lui. C'est au pied du mur qu'on voit le maçon.**

34 Tout soldat a dans son sac son bâton de maréchal

(every soldier has his field-marshal's baton in his backpack)
the sky is the limit

— Tu cherches toujours du travail ou tu as trouvé quelque chose ?

— La semaine dernière, on m'a proposé un poste dans une entreprise de transports routiers. Ce n'est pas très intéressant mais j'ai accepté parce que j'ai besoin d'argent.

— Qu'est-ce que tu fais ?

— Je répare les camions. Tu vois, rien d'excitant !

— Pour le moment. Mais si tu travailles bien, tu auras une promotion. Tu pourras peut-être devenir chef mécanicien ou directeur technique ou plus encore. **Tout soldat a dans son sac son bâton de maréchal.**

— C'est vrai, **tout est possible, mais il faut faire beaucoup d'efforts.**

— Et surtout avoir de la patience...

35 Il vaut mieux aller au moulin qu'au médecin

(it is better to go to the mill
than to the physician's)
an apple a day keeps the doctor away

— Mange quelques légumes avec ta viande !

— Non, maman, merci. Je n'en veux pas.

— Tu as vraiment une mauvaise alimentation. Je suis sûre que tu fais la même chose quand tu es à l'université: tu ne magnes pas de fruits ni de légumes, tu ne bois pas de lait...

— Non. Cela coûte trop cher et je préfère dépenser mon argent pour acheter des livres ou des CD.

— Pourtant, **il vaut mieux aller au moulin qu'au médecin. Il est très important d'avoir une alimentation équilibrée. Un jour tu vas tombe malade...** Et tu pourras toujours lire tes livres et écouter tes CD dans ton lit d'hôpital.

36 On ne prête qu'aux riches

(one only lends to the rich)
only the rich get richer

— C'est un scandale ! Je vais écrire à la télévision, aux stations de radio et à tous les journaux !

— Calme-toi et raconte-moi ce qui t'arrive.

— Hier soir, je regardais les informations à la télévision quand le présentateur a annoncé qu'on avait trouvé un tableau abandonné dans un grenier. Tous les experts ont déclaré qu'il s'agissait d'un Picasso. Mais moi j'ai reconnu ce tableau: c'est moi qui l'ai peint il y a 40 ans. Je l'ai vendu pour quelques francs à un touriste américain.

— **On ne prête qu'aux riches** et la réaction des experts est normale. Toi, tu es un inconnu et **on préfère attribuer des œuvres dont on ignore l'origine à des artistes célèbres.** C'est humain.

Section Four
La Bonne Chère
Eating in Style

37 Il faut casser le noyau pour avoir l'amande

(one needs to break the kernel to get the almond)
no pain no gain

— Alors, qu'est-ce que tu penses de ma nouvelle maison ?

— Elle est fantastique, et le jardin est immense. D'ailleurs, pourquoi est-ce que tu ne construis pas une piscine ?

— Ah non ! Si j'ai une piscine, je devrai changer l'eau régulièrement, mettre du chlore, ramasser les feuilles mortes et que sais-je encore...

— Eh oui... **Il faut casser le noyau pour avoir l'amande.** Mais tu pourras te baigner tout l'été. **Cela vaut la peine de faire quelques efforts.**

— Je suis trop paresseux. Et, dans mon jardin, à la place de la piscine, je vais mettre un hamac. Pour faire la sieste au soleil.

38 On ne peut pas avoir le beurre et l'argent du beurre

(one cannot have the butter and the money from the butter)

you cannot have your cake and eat it too

— Monsieur le directeur, je voudrais vous demander l'autorisation de ne pas travailler vendredi après-midi cette semaine. Un ami m'a invité à aller à la pêche et...

— C'est d'accord. Je vous donne votre après-midi du vendredi. En échange, vous resterez quelques minutes de plus tous les autres jours.

— Ah ? C'est que cette semaine, je voulais partir du bureau tous les soirs à cinq heures moins le quart parce que...

— Ah, non ! Vous exagérez ! Soyez raisonnable: **on ne peut pas avoir le beurre et l'argent du beurre. Si vous ne travaillez pas vendredi après-midi, vous devrez en contrepartie travailler un peu plus tard tous les autres jours.** Ce n'est pas un club de vacances, ici !

39 Il ne faut jamais dire «Fontaine, je ne boirai pas de ton eau!»

(never say: "Fountain, I shall never drink of your water!")

never say never

— Allo, François ! Bonjour. Je voudrais te demander un renseignement: je sais que tu as acheté ta maison à crédit et je voudrais savoir comment tu as fait.

— Quelle surprise ! Tu m'as toujours dit et répété que tu achetais toujours tout comptant et jamais à crédit. Tu as toujours proclamé que tu ne voulais rien demander aux banques.

— Je sais mais j'ai trouvé une superbe maison à acheter et j'ai changé d'avis.

— Ce qui prouve qu'**il ne faut jamais dire: «Fontaine, je ne boirai pas de ton eau!».** Personne ne peut savoir ce que l'avenir réserve.

40 Il faut savoir donner un œuf pour avoir un bœuf

(one has to know when to give an egg to get an ox)
give a little to get a lot

— Maman, est-ce que tu crois que papa me donnera l'autorisation d'aller à la discothèque samedi soir ?

— Je ne sais pas. Ce sera peut-être difficile à obtenir. Ton père n'a pas apprécié de payer la fenêtre du voisin que tu as cassée la semaine dernière. Mais je vais te donner un conseil: lave sa nouvelle voiture sans rien lui dire; ce sera une bonne surprise pour lui et il sera de bonne humeur.

— Oh là là ! Elle est très sale. Il y a au moins une heure de travail.

— Possible. **Mais il faut savoir donner un œuf pour avoir un bœuf.**

— Après tout, tu as peut-être raison. **C'est un petit sacrifice qui peut donner de bons résultats.** Et je vais dire à ma petite sœur de m'aider.

41 C'est la poule qui chante qui a fait l'œuf

(it's the hen that sings that laid the egg)
the guilty dog barks the loudest

— Monsieur l'inspecteur, est-ce que vous pouvez m'expliquer pourquoi vous pensez que Mme Darmon est coupable ? A l'heure du crime, elle regardait la télévision. Elle affirme qu'elle peut même raconter le film en détail. De plus, elle était l'amie de la victime, elle dit qu'elle l'aimait beaucoup et elle jure qu'elle ne sait pas se servir d'un revolver et...

— Précisément, capitaine. **Elle parle trop, elle essaie trop de se défendre.** Et l'expérience m'a appris que **c'est la poule qui chante qui a fait l'œuf.** Un innocent n'agit pas ainsi. En plus, je ne vous l'ai pas dit, mais on a trouvé les empreintes digitales de Mme Darmon sur le revolver.

42 Ce sont les tonneaux vides qui font le plus de bruit

(empty barrels are the ones that make the most noise)
empty vessels make the most noise

— Monsieur le Maire, on dit que vous avez décidé de construire un nouveau stade à la sortie de la ville, sur la route de Paris.

— C'est exact.

— Mais plusieurs personnes ont déclaré à la radio que vous allez couper beaucoup d'arbres et que c'est mauvais pour l'écologie.

— Faux. Nous planterons de nouveaux arbres autour du stade.

— Et un groupe d'habitants de la ville a écrit dans le journal que cela pertubera le trafic vers Paris.

— Mais non ! Nous construirons une autre route. **N'écoutez pas ce que disent ces ignorants !** Ils parlent beaucoup mais, comme vous le savez, **ce sont les tonneaux vides qui font le plus de bruit.** Le projet est excellent et il a reçu l'approbation de la majorité de la population.

43 Qui casse les verres les paie

(he who breaks the glasses has to pay for them)
as you make your bed,
so you must lie upon it

— Ma chérie, tu sais que, normalement, nous allons dîner demain soir chez le duc et la duchesse de la Trémoille ?

— Oui. Et si j'ai accepté ce dîner, c'est uniquement pour te faire plaisir, parce que tu voulais voir leur château.

— Eh bien... je ne sais pas comment te dire ça... mais... il y a un match de football demain soir à la télévision et je voudrais le regarder. Est-ce que tu peux téléphoner à la duchesse et inventer une excuse pour expliquer que nous ne venons pas dîner ?

— Ah non ! **Qui casse les verres les paie.** Tu as tout fait pour obtenir cette invitation. Alors, maintenant, tu téléphones et tu trouves une bonne excuse. **Assume tes responsabilités** et fais travailler ton imagination !

44 Donne au chien l'os pour qu'il ne convoite pas ta viande

(give the dog the bone so that he doesn't go after your piece of meat)
give some and keep the rest

— Qu'est-ce que tu vas faire pour les vacances d'été ?

— Ma femme veut absolument passer un mois à la montagne et moi je souhaite aller au bord de la mer.

— Alors, propose-lui une semaine dans les Alpes et quatre semaines au bord de l'océan Atlantique.

— Je veux passer mes cinq semaines de vacances à la plage, à faire du bateau, du ski nautique, des châteaux de sable...

— Ecoute ! **Donne au chien l'os pour qu'il ne convoite pas ta viande. Fais quelques concessions à ta femme;** sinon, elle exigera de passer cinq semaines à la montagne. Et qu'est-ce que tu feras dans la neige avec ton seau et ta pelle ?

45 Quand le vin est tiré, il faut le boire

(when the wine is drawn, one has to drink it)
as you make your bed, so you must lie upon it

— Est-ce que tu te rappelles quand le capitaine de l'équipe de basket-ball m'a contacté il y a six mois ?

— Oui. Tu lui avais demandé si tu pouvais jouer dans son équipe et il a accepté.

— J'étais très flatté et je me suis engagé à jouer pendant toute la saison. Mais c'est de plus en plus difficile pour moi, maintenant. Je dois aller au gymnase presque tous le jours, mes week-ends sont pris... J'ai vraiment envie d'arrêter.

— Tu ne peux pas. **Quand le vin est tiré, il faut le boire.** C'est toi qui as demandé à jouer et tu as promis de finir la saison. **Tu dois respecter tes engagements.**

— Je suis vraiment un martyr du sport.

46 On ne peut pas être à la fois au four et au moulin

(one cannot be at the oven and at the mill at the same time)
you can't be in two places at once

C'est le jour du départ en vacances. Toute la famille se prépare à aller passer quelques jours au bord de l'océan Atlantique. Le père sort de la maison pour examiner la voiture.

— Pourquoi est-ce que tu n'as pas rangé les valises dans le coffre ? demande-t-il à sa femme.

— Parce que **je ne peux pas être en deux endroits à la fois.** Je suis allée acheter des en-cas pour le voyage. **On ne peut pas être à la fois au four et au moulin.** Je viens de revenir et nous pourrons maintenant les ranger ensemble.

Section Five

La Vie au quotidien

Life Day by Day

47 Il ne faut jamais mettre la charrue avant les bœufs

(never put the plow before the oxen)
don't put the cart before the horse

— Je vais acheter une voiture de sport neuve.

— Très bien. Comme ça, tu vas pouvoir me conduire à la plage samedi.

— Euh... non. Je n'ai pas encore mon permis de conduire.

— Et tu vas acheter une voiture ! Thomas, **il ne faut jamais mettre la charrue avant les bœufs !** Tu vas dépenser beaucoup d'argent et ta voiture restera dans un garage, en perdant de sa valeur. C'est ridicule. **Il faut faire les choses dans l'ordre.** Passe d'abord ton permis de conduire !

48 Qui n'entend qu'une cloche n'entend qu'un son

**(he who hears only one bell
hears only one sound)**
hear the other side and believe little

— Les enfants, qu'est-ce que c'est, le bruit que je viens d'entendre ?

— C'est Paul qui a cassé ton beau vase rose, maman. Il jouait avec moi dans le salon avec ses petites voitures et...

— Tu es sûr que c'est Paul ? Tu n'as rien fait, toi ?

— Non, non. C'est lui ! Tout est de sa faute !

— Hum... **Qui n'entend qu'une cloche n'entend qu'un son.** Avant de le punir, je vais aller parler à Paul. **Je voudrais avoir sa version de l'accident.**

— Euh... Attends, maman ! Maintenant que j'y pense, peut-être que je n'ai pas vu le vase et...

49 **Un clou chasse l'autre**

(one nail drives out another)
life goes on

— Je vois que la fille de la voisine a un nouveau petit ami. Je croyais qu'elle sortait avec Michel.

— C'est exact. Mais Michel est militaire et il est parti en Polynésie pour six mois.

— J'ai compris: **un clou chasse l'autre.**

— Oui. **Elle a rencontré un autre garçon et il a remplacé Michel dans son cœur.**

— Mais que va-t-il se passer quand il reviendra de Polynésie ? Affaire à suivre...

50 Il ne faut jamais jeter le manche après la cognée

(never throw the ax handle after striking)
never say die

— Alors, est-ce que tu as réussi à vendre ton manuscrit à un éditeur ?

— Ne m'en parle pas ! C'est une véritable catastrophe. J'ai envoyé cent lettres, j'ai demandé des rendez-vous, je suis allé dix fois à Paris... Sans aucun résultat. Je commence à désespérer et je me demande si je ne vais pas jeter mon texte au feu.

— Allons, allons ! **Il ne faut jamais jeter le manche après la cognée.** Ton manuscrit est excellent. **N'abandonne pas trop rapidement.** Pour commencer, essaie de réécrire quelques chapitres et change le titre.

51 Tant va la cruche à l'eau qu'à la fin elle se casse

(so often does the pitcher go to the water that finally it breaks)
enough is enough

— Papa, est-ce que tu peux m'aider à faire mon devoir de physique ?

— Ah non ! Hier, j'ai fait tes exercices de maths, avant-hier ton devoir de français et le jour d'avant, c'est moi qui ai dessiné la carte de l'Europe pour ton cours de géographie. Ça suffit ! **Tant va la cruche à l'eau qu'à la fin elle se casse.** Tu exagères. Quand je rentre à la maison le soir, je veux me reposer un peu, pas faire tout le travail scolaire de ma fille. Alors, **c'est fini ! Dorénavant, tu te débrouilles toute seule.**

— Et comme ça, j'aurai peut-être enfin de bonnes notes...

52 Il vaut mieux être marteau qu'enclume

(it's better to be a hammer than an anvil)
it's better to be a hammer than a nail

— Tu as l'air fatigué.

— Oui, je suis débordé de travail. Mon directeur est parti en vacances à la Martinique et il m'a dit de traiter tous ses dossiers pendant son absence, en plus de mon travail normal. Evidemment, je n'ai pas pu refuser.

— C'est une vieille histoire: depuis toujours, **il vaut mieux être marteau qu'enclume.**

— C'est quand même injuste. Moi, l'employé, **je suis exploité par mon directeur.** Pendant que je m'épuise ici, il se bronze au soleil.

53 Les murs ont des oreilles

(walls have ears)
walls have ears

[Deux amis dînent dans un restaurant.]

— J'ai une grande nouvelle: je viens d'apprendre qu'un nouveau magasin d'électronique va ouvrir demain dans la rue Bonaparte et que les dix premiers clients recevront un téléviseur gratuit.

— Et quelle est l'adresse exacte ? La rue Bonaparte est très longue.

— C'est au numéro...

— Attention ! **Les murs ont des oreilles.** Ne parle pas si fort. **Les autres clients du restaurant pourraient entendre.** Et moi, j'ai besoin d'un nouveau poste couleur.

54 A mauvais ouvrier point de bons outils

(to a bad workman, no good tools)
a bad workman blames his tools

— C'est gentil de m'aider à peindre ma maison.

— C'est tout naturel. Commençons immédiatement. Donne-moi ton pinceau !... Quoi ! C'est ça que tu appelles un pinceau ? Mais il perd tous ses poils.

— Je devrais peut-être en acheter un autre.

— Oui. Et tu devrais aussi acheter une nouvelle échelle. Celle-là est sur le point de casser. Arthur, quelque chose me dit que tu n'es pas très doué pour le travail manuel.

— Pourquoi ?

— **A mauvais ouvrier point de bons outils.** Je vois ton matériel et ma conclusion est que **tu ne t'en sers ni très souvent ni très bien.**

55 Il faut qu'une porte soit ouverte ou fermée

(a door must be either open or closed)
there can be no middle course

— Qu'est-ce qu'on fait samedi ?

— Nous pourrions rester à la maison et travailler dans le jardin.

— Excellente idée. Il faut couper l'herbe, elle est trop haute.

— ... ou alors nous pourrions aller voir tes parents dans leur ferme.

— Pourquoi pas ? Comme ça, ils verront leurs petits-enfants.

— Oui, mais qui va s'occuper du jardin ? D'un autre côté, l'air de la campagne nous ferait du bien. Heu... J'hésite...

— Ecoute, **il faut qu'une porte soit ouverte ou fermée. Tu ne vas pas hésiter toute la semaine. Il faut prendre une décision rapide.** Si tu veux, je te donne une pièce de monnaie et tu la jettes en l'air.

56 Il n'est si méchant pot qui ne trouve son couvercle

(there's no jar so wretched that it cannot find a lid)
every Jack has his Jill

— Je viens de parler avec mon cousin au téléphone. Il n'a pas de chance: sa dernière fiancée vient de le quitter. Il a bientôt trente ans et il se demande s'il va trouver un jour une femme qui acceptera de l'épouser. Il n'est peut-être pas très beau garçon mais il est très gentil et très intelligent. Je suis désolée pour lui.

— Ne dramatise pas ! **Il n'est si méchant pot qui ne trouve son couvercle.**

— Oui. Peut-être est-il trop exigeant. Après tout, dans ce monde, **il y a une femme pour chaque homme.** Il suffit de chercher.

Section Six
Les Gens
People

57 Les conseilleurs ne sont pas les payeurs

(dispensers of unwanted advice are not the ones who pay for it)
nothing is given so freely as advice

— Vincent ! J'ai vu une publicité pour une nouvelle voiture à la télévision. Il faut absolument que tu achètes cette voiture !

— Pourquoi ? Qu'est-ce qu'elle a de spécial ?

— Elle est très spacieuse, très rapide. Et, en plus, elle est équipée avec tous les gadgets.

— Et combien est-ce qu'elle coûte ?

— 40 000 euros. Mais c'est un détail. Précipite-toi chez ton garagiste !

— **Merci de tes consiels mais je ne crois pas que je l'achèterai.**

— Je ne comprends pas pourquoi. C'est la voiture idéale.

— Parce qu'elle est trop chère. **Les conseilleurs ne sont pas les payeurs** et je n'ai pas l'argent nécessaire.

58 Quand le diable devient vieux, il se fait ermite

(when the devil gets old, he turns into a hermit)
new converts are the most pious

— Hier, j'ai rencontré dans la rue notre ancien voisin, M. Dupuis.

— Ah oui ! Je me souviens de lui: il fumait trois paquets de cigarettes par jour et il était constamment entouré d'un nuage de fumée.

— C'est lui. Il m'a raconté qu'il avait des problèmes de respiration. Il a vu un médecin qui lui a dit de diminuer considérablement sa consommation de tabac. Et M. Dupuis a décidé d'arrêter totalement de fumer. Il a même fait mieux: il est maintenant président du comité national contre le tabac.

— Ça ne me surprend pas. **Quand le diable devient vieux, il se fait ermite.** J'ai souvent remarqué que, **quand les gens corrigent leurs défauts, ils vont vers l'autre extrême.**

59 Il ne sert à rien de déshabiller Pierre pour habiller Paul

(it's useless to undress Peter to dress Paul)
it's robbing Peter to pay Paul

— Je viens d'apprendre une mauvaise nouvelle: notre directeur n'a pas payé les impôts de la compagnie et l'administration centrale envoie un contrôleur ici.

— Et alors? Pourquoi est-ce que tu t'inquiètes ? Il existe une solution simple: le directeur va à la banque et demande un emprunt pour payer les impôts.

— Je ne pense pas que ce soit une bonne solution. **Il ne sert à rien de déshabiller Pierre pour habiller Paul.** Il faut trouver autre chose: vendre notre immeuble de l'avenue de Gaulle, par exemple.

— A la réflexion, tu as peut-être raison: **on ne résout pas un problème en créant un nouveau problème.** Si nous empruntons de l'argent, comment rembourserons-nous?

60 Qui veut la fin veut les moyens

(he who wants the end wants the means)
the end justifies the means

— J'avais un excellent article pour le journal local. J'y expliquais comment attirer plus de touristes dans notre région. Je suis allé voir le rédacteur en chef pour lui montrer mon article.

— Qu'est-ce qu'il en pense ?

— Il l'a aimé mais il a dit que certains paragraphes devaient être réécrits et que je devrais prendre une photo ou deux pour illustrer le texte. Alors, il le publiera. Mais c'est trop compliqué pour moi; je n'ai même pas d'appareil-photo. Je laisse tomber.

— Non, non ! **Qui veut la fin veut les moyens.** Tu dois persévérer. **Achète un appareil, réécris ton texte.** C'est peut-être le premier article de ta longue carrière de journaliste.

61 Il vaut mieux s'adresser à Dieu qu'à ses saints

(better to deal with God than with his saints)
it's better to talk to the organ-grinder than
the monkey

— Mon colonel, je suis le sergent Dubois. J'ai demandé un rendez-vous avec vous pour vous dire que la nourriture ici est très mauvaise.

— Sergent, je suis un peu surpris de votre visite. Normalement, vous devez suivre la voie hiérarchique et parler d'abord à votre capitaine.

— Je sais mais **il vaut mieux s'adresser à Dieu qu'à ses saints. Si j'en parle au capitaine, je ne suis pas certain que l'information soit transmise et que quelqu'un agisse.**

62 Il ne faut pas juger les gens sur la mine

(don't judge people from their exterior)
don't judge a book by its cover

— Tu sais que j'ai un nouveau fiancé ? Il s'appelle Nicolas. Il est doux, intelligent, patient, très riche et très amoureux.

— Félicitations ! Je crois que tu as rencontré l'homme idéal... Oh ! Regarde ce monsieur qui vient vers nous: je n'ai jamais vu personne d'aussi laid et d'aussi mal habillé. En plus, il a l'air stupide.

— Ecoute, **il ne faut pas juger les gens sur la mine.**

— Peut-être mais **celui-là me semble avoir tous les défauts.**

— **Ne sois pas si sûre de toi !** C'est Nicolas, mon fiancé.

63 Aux innocents les mains pleines

(full hands for the innocents)
the meek shall inherit the earth

— C'est la première fois que je viens dans un casino. Merci de m'avoir accompagné. Explique-moi comment fonctionnent ces machines.

— D'accord. Ecoute bien: tu mets une pièce de monnaie ici, tu tires ici à droite et tu regardes tourner les roues. Attention: tu ne vas pas gagner à chaque fois.

— J'essaie. Je mets ma pièce, je tire... Ça tourne... Oh ! regarde toutes les pièces qui tombent ! J'ai gagné ?

— Eh oui. **Aux innocents les mains pleines. Tu as eu la chance des débutants.** Tu veux continuer à jouer ou tu m'offres un bon dîner au restaurant ?

64 A père avare fils prodigue

(to a miserly father a prodigal son)
the miser's son is a spendthrift

M. et Mme Belmont ont donné à leurs enfants une éducation très stricte: ils n'avaient pas le droit de sortir le samedi, pas le droit de regarder la télévision pendant la semaine; ils devaient demander l'autorisation de quitter la table à la fin du repas, etc.

Hier, j'ai dîné chez la fille de M. et Mme Belmont, qui a aujourd'hui 28 ans. Elle a un jeune fils que j'ai observé pendant le dîner: il fait absolument tout ce qu'il veut: il court partout, il n'est jamais puni. **A père avare fils prodigue.**

La jeune maman a un comportement totalement opposé à celui de son père mais qui peut dire lequel des deux a raison ?

65 Comme on connaît ses saints, on les honore

(as you know your saints, so you honor them)
to know a friend is to respect him

— Alors, tu es d'accord ? Nous organisons un dîner samedi à huit heures et nous invitons tous nos amis ?

— D'accord. Je vais leur téléphoner. Je vais d'abord appeler Jacques et je lui dirai que le dîner est à sept heures et demie.

— Pourquoi lui mentir ?

— **Comme on connaît ses saints, on les honore. Jacques est toujours en retard** à ses rendez-vous. Très en retard même. Alors **j'agis en conséquence.**

— Espérons que pour une fois, il n'arrivera pas à l'heure !

66 Qui se ressemble s'assemble

(those who look alike get together)
birds of a feather flock together

— Tu es vraiment trop paresseux: tu dors tout le temps sur le sofa. Tu as besoin d'exercice physique. Regarde: tu commences à grossir.

— J'en suis conscient mais j'ai horreur de faire du sport et je n'aime pas marcher.

— Je vais te donner un conseil: achète un jeune chien. Tu seras obligé de sortir avec lui, il courra et tu le suivras. Il aimera jouer à la balle et tu feras de l'exercice.

[Une semaine plus tard]

— Alors, tu as acheté ton chien ?

— Oui, mais regarde-le: il passe son temps à dormir sur le sofa.

— **Qui se ressemble s'assemble. Tu as choisi un chien aussi paresseux que toi.**

67 Autant de têtes, autant d'avis

(so many heads, so many opinions)
too many cooks spoil the broth

— Le directeur de notre école vient d'avoir une nouvelle idée: il veut changer les horaires d'entrée et de sortie de classe. Il va demander à tous les élèves de l'école de dire ce qu'ils souhaitent.

— Je crois que ton directeur ne réalise pas bien les conséquences de sa décision.

— Pourquoi ?

— Parce que **autant de têtes, autant d'avis. Chaque élève aura une opinion différente sur la question** et il sera impossible de satisfaire tout le monde. De plus, les mécontents diront qu'on ne les a pas écoutés. Ce sera pire que la situation actuelle.

68 Si jeunesse savait, si vieillesse pouvait

(if youth only knew, if old age only could)
youth is wasted on the young

Je suis allé en vacances dans les Alpes avec mon fils de 15 ans et mon père qui a 75 ans.

Mon fils n'a pas beaucoup profité de ses vacances: comme il connaît mal la montagne, il a négligé de se protéger des moustiques et il s'est fait piquer. Il a oublié de se couvrir la tête et il a eu des problèmes avec le soleil. Il n'a pas voulu m'écouter quand je lui ai dit de mettre de bonnes chaussures et il a eu mal aux pieds.

Mon père n'a pas vu beaucoup de choses: il marche lentement et il lui est difficile de monter les chemins de montagne.

Ah ! **Si jeunesse savait, si vieillesse pouvait !** Malheureusement, souvent, **quand on a l'expérience, on n'a plus la force physique.** Finalement, je suis le seul à posséder les deux.

Section Seven

La Planète bleue

The Blue Planet

69 L'arbre cache souvent la forêt

(the tree often hides the forest)
don't make hasty judgments

— Quelles sont les chances de notre équipe de basket-ball pour la saison qui commence ?

— Je crois qu'elle va faire des miracles. Un nouveau joueur américain vient d'arriver. Il mesure 2,20 mètres et il a été plusieurs fois champion des USA. Avec lui, aucun problème.

— Je suis moins optimiste que toi. **L'arbre cache souvent la forêt** et il ne faut pas tirer de conclusions prop hâtives. Le reste de l'équipe n'est pas très bonne et **le qualités de ce champion te font oublier les carences des autres joueurs.**

70 Entre l'arbre et l'écorce il ne faut pas mettre le doigt

(between the tree and the bark one should not put one's finger)
to be between a rock and a hard place

— Tu as l'air bien pensif !

— Oui. Mon ami Léopold a un petit problème et j'essaie de trouver une solution. Ses enfants lui ont demandé de les emmener au zoo samedi et, sans réfléchir, il a dit oui. Or sa femme vient de lui rappeler qu'il lui avait promis d'aller avec elle au supermarché. Léopold a donc une décision difficile à prendre et il m'a demandé de le conseiller.

— Attention ! **Entre l'arbre et l'écorce il ne faut pas mettre le doigt.** De toute manière, il y aura des mécontents: soit les enfants de Léopold, soit sa femme. A ta place, **je ne me mêlerais pas de cette affaire** très délicate. Tu n'auras que des ennuis.

71 Qui craint le danger ne doit pas aller en mer

(he who fears danger shouldn't go to sea)
if you can't stand the heat, get out
of the kitchen

— Ça y est ! J'ai réussi mes examens. Je suis enfin médecin.

— Et qu'est-ce que tu vas faire maintenant? Travailler dans un hôpital public ?

— Non, je voudrais ouvrir un cabinet privé. Mais j'ai peur de ne pas réussir. Comment est-ce que je vais trouver des clients ? Est-ce qu'une banque me prêtera de l'argent pour acheter le cabinet ? Est-ce que je pourrais travailler seul sans secrétaire ? ...

— **Qui craint le danger ne doit pas aller en mer. Si tu veux réussir, tu dois accepter de prendre des risques.** Si tu n'es pas prêt, travaille dans un hôpital public.

72 Il n'y a que les montagnes qui ne se rencontrent jamais

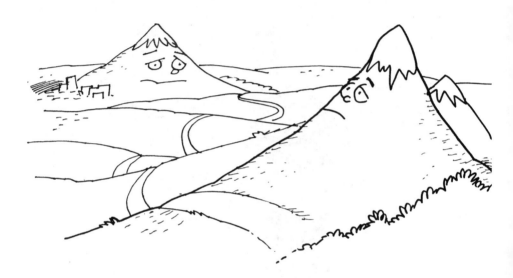

(only mountains never meet)
there are none so distant that fate cannot bring together

Quand j'étais enfant, j'habitais au Kenya et j'avais un ami que j'aimais beaucoup, Wilson. Sa famille vivait près de notre maison. Les années ont passé, je suis revenu en France et j'ai dit adieu à Wilson: je ne pensais jamais le revoir.

J'avais oublié qu'**il n'y a que les montagnes qui ne se rencontrent jamais.** Hier, je me promenais sur l'avenue des Champs-Elysées et soudain, qui est-ce que je vois sortir d'un hôtel ? Wilson. Il était en vacances à Paris avec sa famille. **Le monde est vraiment petit !**

73 Tous les goûts sont dans la nature

(all tastes are in nature)
it takes all kinds (to make a world)

D'habitude, pour mon petit déjeuner, je mange des croissants et des céréales et je bois un bol de lait.

Mais j'ai invité mon cousin André à venir passer le week-end à la maison et je dois aller faire quelques courses au supermarché. Lui, au petit déjeuner, boit un mélange de thé et de café avec beaucoup de sucre et il mange une omelette au jambon avec de la confiture dessus.

Je trouve cela un peu étrange mais, après tout, **tous les goûts sont dans la nature. Mon cousin mange ce qu'il veut.** Il devrait malgré tout faire attention: il pèse déjà plus de 110 kilos !

74 Paris ne s'est pas fait en un jour

(Paris wasn't made in one day)
Rome wasn't built in a day

Cyril Duval a décidé d'arrêter ses études pour devenir comédien. Il est allé à Paris, plein d'espoir: dans six mois, pensait-il, il serait une grande vedette !

Mais la réalité est cruelle. Il y a beaucoup de comédiens à Paris et Cyril est complètement inconnu. Il a du mal à vivre et il est obligé d'accepter de petits rôles dans des pièces de théâtre ou des films publicitaires.

La vie n'est pas facile tous les jours mais il garde espoir car il sait que **Paris ne s'est pas fait en un jour. Toutes les grandes vedettes** aujourd'hui ont commencé comme lui et **ont mis des années avant de devenir célèbres.**

75 Avec des si, on mettrait Paris en bouteille

(with "ifs", one could bottle Paris)
if "ifs" and "ands" were pots and pans, there'd be no work for tinkers' hands

— Papa, je vais arrêter mes études. Je veux être commerçant. Mon rêve, c'est d'ouvrir un grand magasin de chaussures.

— Tu es sûr de pouvoir gagner ta vie comme ça ?

— Si je trouve un bon emplacement dans une rue commerçante, si j'ai une grande vitrine bien décorée, si je vends de la bonne marchandise et si mes prix sont raisonnables...

— **Avec des si, on mettrait Paris en bouteille.** Tout ça, ce **sont des suppositions, tu n'as rien de concret.** Avec des si, moi aussi je serais millionnaire.

76 En tout pays, il y a une lieue de mauvais chemin

(in every region, there is one league of bad road)
there will be bumps in the smoothest roads

— J'ai trouvé une moto formidable ! La moto que j'avais toujours rêvé de posséder: C'est une grosse japonaise avec tous les équipements. Elle a deux ans et le vendeur en demande un prix raisonnable. Je crois que je vais l'acheter.

— Mais oui, vas-y !

— Il n'y a qu'une seule chose qui me fait hésiter: elle est bleue et je n'aime pas trop les motos de cette couleur.

— Et c'est ce détail qui t'empêche de l'acheter ? **En tout pays, il y a une lieue de mauvais chemin. Rien n'est parfait dans la vie.**

— Exact. Je vais tout de suite à la banque chercher de l'argent. Tu viens avec moi ? Après, je t'emmène faire un tour en moto.

77 Nul n'est prophète en son pays

(none is a prophet in his own country)
no man is a prophet in his own country

Norbert était un très bon cuisinier. Après de brillantes études à Paris, il est revenu dans sa petite ville et il a ouvert un restaurant gastronomique. Il a inventé de nouveaux plats, tous excellents. Il a fait beaucoup de publicité à la radio et dans les journaux, mais sans résultat.

Six mois plus tard, il a dû fermer son restaurant: les gens de la région préféraient de la cuisine traditionnelle.

Norbert est alors parti à New-York. Il a ouvert un restaurant français dans la 17ème rue. C'est un succès: son établissement est toujours plein et ses plats originaux sont très appréciés.

Nul n'est prophète en son pays. Il faut souvent partir loin pour faire reconnaître ses talents.

78 Les petits ruisseaux font les grandes rivières

(small brooks make big rivers)
tall oaks from little acorns grow

— Je vois que tu reviens du supermarché. Est-ce que tu as quelques pièces de monnaie dans ta porche ?

— Oui, voilà. Qu'est-ce que tu vas en faire ?

— Je vais les mettre dans mon petit cochon.

— Mais ce ne sont que quelques euros...

— **Les petits ruisseaux font les grandes rivières.** Un euro aujourd'hui, deux euros demain et, **à la fin de l'année, j'aurai assez d'argent** pour t'offrir un magnifique cadeau de Noël.

79 Qui terre a, guerre a

(who has land, has war)
he who has land has quarrels

— **Je viens d'acheter une maison avec un grand jardin et j'ai déjà des problèmes avec mes voisins.** L'un dit que les branches de mes arbres sont trop longues et viennent sur son terrain et l'autre affirme que mon antenne télé va tomber sur son toit parce qu'elle est trop haute.
— Eh oui ! **Qui terre a, guerre a.**
— Je sais mais j'ai horreur de ce genre de conflits.
— Alors, déménage !

80 Qui veut voyager loin ménage sa monture

(he who wants to travel far spares his mount)
slow and steady wins the race

— Tu ne peux pas accélérer un peu ? Tu roules à 80 kilomètres à l'heure. A cette vitesse-là, nous ne serons jamais à Lyon avant la nuit.

— **Qui veut voyager loin ménage sa monture.** Ma voiture est très vieille et le moteur est un peu fatigué. Si tu ne veux pas tomber en panne et finir le voyage en train, **il vaut mieux aller lentement et ne pas trop demander au moteur.**

Section Eight
Le Temps qui passe
Time Flies

81 Tel qui rit vendredi dimanche pleurera

(he who laughs on Friday will cry on Sunday)
laugh on Friday, cry on Sunday

— C'est épouvantable ! Nous sommes en vacances en Bretagne depuis deux semaines et il pleut tous les jours ! Je viens de téléphoner à M. Fromentin, mon collègue de bureau: Il est aux Bahamas avec un soleil magnifique. Il est très content et il s'est moqué de moi.

— Pas de pessimisme ! **Tel qui rit vendredi dimanche pleurera.** Je viens d'écouter les informations à la radio: pour demain, ils annoncent du soleil sur la Bretagne et un ouragan sur les Bahamas et la Floride. Je pense que **ton collègue se moquera moins de toi demain.**

82 L'exactitude est la politesse des rois

(punctuality is the politeness of kings)
punctuality is the politeness of kings

Sophie vient d'avoir quatorze ans. Elle avait demandé à son père l'autorisation de sortir en ville avec ses amis samedi. Il a donné son accord mais à condition que sa fille rentre à la maison avant minuit. Sophie avait promis d'être à l'heure.

Mais la jeune fille s'amusait bien samedi, elle a oublié l'heure. Quand elle a regardé sa montre, il était déjà une heure du matin.

A la maison, son père l'attendait dans le salon. Il ne lui a dit qu'une phrase: **"L'exactitude est la politesse des rois."**

La jeune fille a été punie: plus de sorties pendant un mois. Elle a ainsi appris qu'**il faut toujours être ponctuel.**

83 La fête passée, adieu le saint

**(once the party is over, it is good-bye
to the saint)**

when his day is done, it's good-bye saint

Hier, je me promenais le long de la plage et j'ai rencontré un automobiliste qui se trouvait dans une situation délicate. Il avait voulu stationner le plus près possible de la mer et avait garé sa voiture dans le sable. Impossible de repartir. Il m'a arrêté, m'a supplié de l'aider. Il m'a même proposé de l'argent pour pousser sa voiture. J'ai accepté de lui rendre service et, en deux minutes, c'était terminé ! Eh bien, cet automobiliste ne m'a même pas remercié ! Il a fermé sa portière et il est parti. **La fête passée, adieu le saint.**

J'étais très déçu. C'est incroyable: quand les gens ont besoin de vous, ils vous supplient à genoux mais, **quand tout va mieux, ils oublient de vous montrer leur reconnaissance.**

84 Les jours se suivent et ne se ressemblent pas

(days follow each other but don't look alike)
what a day may bring, a day may take away

— Salut, Nathalie ! J'ai entendu dire que tu as trouvé un nouveau travail.

— Oui, dans une banque. Je m'occupe des investissements. C'est parfait pour moi, j'ai horreur de la routine et il y a toujours quelque chose de nouveau. Avant-hier, j'étais à Mexico pour un rendez-vous important. Hier, j'ai passé ma journée devant l'ordinateur et j'ai perdu un million. Aujourd'hui, j'ai téléphoné partout en Europe et j'ai gagné deux millions.

— Oh, là là ! Je vois que **les jours se suivent et ne se ressemblent pas.**

— C'est ce que j'aime dans ce travail: **je ne sais jamais ce qui se passera demain.** Ce serait vraiment parfait si j'avais quelques jours de vacances de temps en temps...

85 Chacun voit midi à sa porte

(everyone sees midday at his door)
to each his own

— Alors, tu pars en vacances demain ?

— Oui. Je sais que quitter Paris par la route le premier août ce n'est pas idéal mais je n'ai pas le choix.

— Moi, je vais attendre le deux août. Demain, toutes les autoroutes de France seront saturées et il y aura des embouteillages partout. Il fera très chaud et les conducteurs seront tous très énervés dans leur voiture.

— Oui, mais cela fait perdre une journée de vacances.

— **Chacun voit midi à sa porte.** Je persiste à dire qu'il est préférable d'attendre mais **chacun fait comme il veut.** Sois prudent et bonnes vacances !

86 Noël au balcon, Pâques aux tisons

(Christmas on the balcony, Easter by the embers)
a warm Christmas spells cold weather for Easter

— Nous avons de la chance d'avoir une température aussi douce un 24 décembre. D'habitude, il fait très froid à ce moment-là de l'année et il neige. C'est vraiment très agréable.

— Ne te réjouis pas trop vite ! **Quand l'hiver est doux, le printemps est en général très froid. Noël au balcon, Pâques aux tisons !**

— Je sais. Mais profitons du temps doux pour aller faire une promenade. Nous verrons bien si nous devrons chercher les œufs de Pâques dans le jardin sous la neige !

87 La nuit, tous les chats sont gris

(at night, all the cats are gray)
all cats are gray in the dark

— Hier soir, je revenais du cinéma et j'ai vu ta fille en grande conversation avec un groupe de jeunes devant la statue de Napoléon, sur la grande place.

— Ma fille ? Tu es sûre ? Elle m'a dit qu'elle allait étudier chez son amie Florence. Elles préparent leurs examens ensemble.

— Alors, je me suis peut-être trompée. Tu sais, **la nuit tous les chats sont gris.** J'étais loin et **je ne voyais pas très bien parce que la lune était cachée par les nuages.**

— Tu es excusée. Mais je vais demander à ma fille ce qu'elle a exactement étudié hier soir.

88 Après la pluie le beau temps

(after the rain, the fine weather)
every cloud has a silver lining

— Bonjour, Claude, Tu as l'air triste. Est-ce que tu as des problèmes ?

— Oh oui. Je viens de perdre mon travail. Ma femme est à l'hôpital et ma fille n'a pas réussi ses examens à l'université. Je vis actuellement des moments difficiles.

— Mais les choses vont s'arranger ! **Après la pluie, le beau temps.** Je suis certain qu'avec tes diplômes, tu vas trouver un travail plus intéressant. Ta femme va guérir: c'est seulement une question de temps. Et ta fille repassera ses examens avec succès. **Les périodes difficiles ne durent jamais très longtemps** et les pires situations finissent par s'améliorer.

89 Autres temps, autres mœurs

(other times, other customs)
times change

— Grand-père ! Je viens d'avoir mon permis de conduire et papa va m'acheter une voiture.

— Tu as de la chance, tu sais: tu vas pouvoir conduire à dix-huit ans. Quand j'étais jeune, c'était très différent. A ton âge, j'avais seulement une bicyclette et j'étais déjà très content. J'ai dû attendre longtemps avant de pouvoir m'offrir une voiture. **Autres temps, autres mœurs.**

— Eh oui, grand-père. **Le monde change.** Aujourd'hui, les voitures sont moins chères et les jeunes bougent plus.

— Mais est-ce que les jeunes de maintenant sont plus heureux que ceux de ma génération ?

90 Qui sème le vent récolte la tempête

(he who sows the wind reaps the storm)
as you sow, so shall you reap

— Je crois que Pauline va avoir de gros ennuis.

— Pourquoi ?

— Tu sais qu'elle n'a que seize ans et qu'elle n'a pas son permis de conduire...

— Bien sûr. Et alors ?

— Elle a demandé à son père de lui prêter sa voiture. Il a évidemment refusé. Alors Pauline a volé les clefs de la voiture et elle est partie sur l'autoroute.

— Sans permis ? Mais elle est folle !

— Oui... elle a eu un accident, pas très grave heureusement. Mais l'assurance refuse de payer.

— **Qui sème le vent récolte la tempête !** Pauline a désobéi à son père et maintenant, **elle paie chèrement les conséquences de son acte.**

Section Nine
Les Bons Conseils
Words to Live By

91 Qui va à la chasse perd sa place

(he who goes hunting loses his place)
step out of line and you'll lose your place

Charles avait un bon partenaire de tennis, Edgar. Tous les deux jouaient en double et ils gagnaient souvent leurs matches. La paire Edgar-Charles commençait à être célèbre dans la région.

Puis un jour, Charles a trouvé qu'Edgar n'était plus assez bon. Il a commencé à jouer de moins en moins souvent avec lui et il a cherché un autre partenaire.

Mais il n'a trouvé personne. Et, pendant ce temps, Edgar s'est associé avec un autre bon joueur de tennis et tous les deux sont devenus champions de France.

Charles a compris la leçon: **qui va à la chasse perd sa place. Quelqu'un est toujours prêt à remplacer celui qui part chercher fortune ailleurs.**

92 Impossible n'est pas français

(impossible isn't French)
there is no such word as "can't"

— C'est une catastrophe ! Je devais aller aujourd'hui à Milan pour signer un important contrat et je viens d'apprendre que tous les vols Paris-Milan ont été annulés.

— Tout n'est pas perdu...

— Si. Je devais absolument être à Milan à 15 heures 30 pour signer. Et maintenant, c'est devenu impossible.

— **Impossible n'est pas français.** Tu vas immédiatement courir à la gare prendre le train pour Lyon. Il part dans un quart d'heure. Tu arriveras à Lyon à 11 heures. Ensuite, tu prends un taxi de Lyon à Genève. Tu y seras à... disons 14 heures. Et là, tu as juste le temps de prendre le vol Genève-Milan. Un dernier taxi de l'aéroport au centre et tu seras là-bas à l'heure. Tu vois: **il n'y a pas de problèmes, il n'y a que des solutions.**

93 Qui s'y frotte s'y pique

(he who rubs against it gets stung)
don't get too close or you'll be burned

— Tout le monde affirme que Roger est le meilleur golfeur de notre club. Moi je suis sûr que je suis aussi bon que lui. D'ailleurs, je vais lui proposer un match public pour le prouver. Le vaincu offrira au vainqueur un repas dans le meilleur restaurant de la ville.

— Ce n'est pas une bonne idée. Je connais la valeur de Roger: **qui s'y frotte s'y pique. Non seulement tu vas devoir lui offrir un repas mais, en plus, tu seras ridicule.** Personne dans ce club n'a jamais osé défier Roger. Même moi !

94 Un malheur ne vient jamais seul

(misfortune never comes alone)
it never rains but it pours

Ce matin, j'étais en retard pour aller travailler et je me suis habillé rapidement. Je n'ai pas eu le temps de prendre mon petit déjeuner, j'ai attrapé mon attaché-case et j'ai couru vers la porte.

Mais mon jeune fils avait oublié ses jouets dans le hall et j'ai marché sur ses petites voitures. J'ai perdu l'équilibre et je suis tombé.

La journée commençait mal et, comme **un malheur ne vient jamais seul,** je n'ai pas pu faire démarrer la voiture: la batterie était morte. J'ai donc été obligé d'attendre l'autobus sous la pluie.

Et cela a continué sur la même note toute la journée: **un événement désagréable après l'autre.**

95 Aux grands maux les grandes remèdes

(to great evils great cures)
desperate situations call for drastic measures

La petite école de la ville était menacée depuis pleusieurs années: il y avait de moins en moins d'élèves et les professeurs partaient les uns après les autres. Tous le habitants étaient inquiets car ils voulaient garder leur école.

Ce matin, le ministre de l'éducation nationale a annoncé que l'école allait fermer. La population a alors décidé de réagir. **Aux grands maux les grands remèdes:** le maire a téléphoné au ministre, les gens ont écrit des lettres aux autorités, ils ont appelé les journaux et les stations de radio, la télévision est venue...

L'annonce de la fermeture a vraiment **donné naissance à des actions spectaculaires.** Mais le ministre a cédé et l'école est sauvée.

96 Le mieux est l'ennemi du bien

(better is the enemy of good)
better is the enemy of good

— Voilà un joli château de cartes ! Quelle hauteur est-ce qu'il fait, d'après toi ?

— Un mètre, plus ou moins. Il y a environ mille cartes. Trois heures de travail mais le résultat est magnifique.

— Attends ! Il y a une carte, ici, qui n'est pas tout à fait droite. Je vais la remettre en place.

— Arrête ! **Le mieux est l'ennemi du bien. Ne prends pas le risque de tout détruire pour améliorer un tout petit détail.** Va plutôt chercher l'appareil-photo !

97 Toute peine mérite salaire

(every trouble taken deserves a salary)
a laborer is worthy of his hire

— Arnold, où est-ce que tu as trouvé cet argent ?

— C'est le voisin qui me l'a donné, papa. Il m'a demandé si je voulais l'aider à ramasser les feuilles mortes dans son jardin. Comme je n'avais rien de spécial à faire, j'ai accepté. Nous avons travaillé tout l'après-midi. A la fin, il m'a dit: **"Toute peine mérite salaire"** et il m'a donné dix euros.

— Ça me paraît bien. **Tout travail doit être payé à sa juste valeur.** Mais tu feras une exception pour ta famille: demain, nous coupons l'herbe autour de la maison...

98 Tel est pris qui croyait prendre

(he is caught who thought he could catch)
hoist by your own petard

— Qu'est-ce qui t'est arrivé ? Tu es tout mouillé !

— Je vais t'expliquer. Je voulais faire une blague à Fabrice et j'avais mis un seau d'eau sur la porte de son bureau quand il était absent. J'ai attendu son retour longtemps, très longtemps. Puis j'ai oublié le seau d'eau. Pendant ce temps, lui a vu le seau: il est rentré dans son bureau par la fenêtre et il m'a appelé. Sans réfléchir, j'ai poussé sa porte et je suis entré.

— Ah ! Ah ! Ah ! **Tel est pris qui croyait prendre ! Tu es tombé dans ton propre piège.**

99 La raison du plus fort est toujours la meilleure

(the most powerful always prevail, whether or not they are right)
might makes right

— Est-ce que tu sais qu'on va couper tous les arbres de la grande place ?

— Mais pourquoi ?

— Parce que la femme du maire est allergique au pollen. Quand arrive l'été, elle commence à tousser.

— C'est absurde ! On va couper tous ces beaux arbres uniquement pour faire plaisir à la femme du maire. Mais le reste de la population va protester.

— Ça ne servira à rien. **La raison du plus fort est toujours la meilleure.** On peut le regretter mais **les gens au pouvoir arrivent toujours à faire triompher leur point de vue.**

100 Qui ne risque rien n'a rien

(he who risks nothing has nothing)
nothing ventured, nothing gained

— L'essence a augmenté de 0,50 franc. C'est trop ! Je vais écrire au ministre. Et ils n'ont pas encore asphalté la nouvelle route: je vais téléphoner au maire. De plus, les avions font trop de bruit sur les pistes d'atterrissage: il faut que je contacte le directeur de l'aéroport.

— Arrête ! C'est de l'énergie perdue. On ne peut pas se battre contre ces grandes administrations.

— **Qui ne risque rien n'a rien.** Il faut tout essayer. **Si tout le monde reste dans son coin sans rien faire, on n'obtiendra jamais aucun résultat.**

101 Tout vient à point à qui sait attendre

(everything comes at the right moment to the one who knows how to wait)
all things come to those who wait

— Je vois que tu as acheté l'immense télévision dont tu rêvais. Tu m'as pourtant toujours dit qu'elle était trop chère pour toi.

— C'est vrai. Elle me faisait très envie et je la convoitais chaque fois que je passais devant le magasin. J'ai même pensé emprunter de l'argent à la banque pour l'acheter. Puis j'ai décidé d'économiser franc après franc... Mais, miracle ! Quelques jours avant Noël, le magasin a fait une promotion sur les télévisions grand écran et celle-ci était vendue à 50 % de son prix.

— Tu vois, **tout vient à point à qui sait attendre. Tu as bien fait de patienter,** cela valait la peine. Dis-moi, le match de football va bientôt commencer. Je peux le regarder avec toi ?

Translations
Traductions

---

1 (page 3)

"I'm very worried about my niece. She's engaged to Philippe Durand, and I've just read in the paper that a Philippe Durand has been sentenced by a court."

"What was he sentenced for?"

"Because he was driving much too fast. And my niece happens to be crazy about sports cars, just like her fiancé."

"Calm down! **Philippe Durand is a very common name in France,** and it might not be the same person."

"That's true. There was no photograph in the paper, and **one should never jump to conclusions.** I'll phone my niece and inquire about him."

---

2 (page 4)

"I went shopping at the supermarket, and I saw Bernard, our neighbor's son."

"Bernard? That young boy who's a bit silly? The one who has terrible problems at school?"

"Yes. That's the one. And he was playing stupid games with some children I happen to know: they're not very clever, either. Bernard was admiring their dirty clothes and joining in their idiotic conversation."

"That's pretty normal: **Little things please little minds.**"

"How true! It's a pity, but **silly people seldom look for the company of sensible people.**"

---

3 (page 5)

"Darling, this morning a beggar knocked on our door."

"Did you open?"

"Yes, I did. You know I'm kind-hearted. I let him come into the kitchen, and I gave him something to eat. But while my back was turned, he stole an apple."

"Well, I forbid you to open our door to that beggar again!"

"But why? It was only an apple."

"**Give someone an inch and he'll take a mile. If he can steal an apple, he could also steal something more valuable:** money, jewels or...my collection of autographed tennis balls."

4 (page 6)

Eva is a very smart girl who studied hard at law school. She recently graduated and immediately found a job in a law office.

Because she wants to please the manager and her colleagues, she agrees to do all the menial tasks: making coffee, opening the mail, filing documents.

But **she is too generous and the others exploit her.** After six months spent in that office, she is still waiting to be given one interesting file to study.

It's her own fault; **nice guys finish last.**

---

5 (page 7)

[Peter's driving to the restaurant; Alan, his friend, is sitting beside him.]

"Alan, aren't you wearing your seatbelt?"

"No, there's no point. The restaurant isn't far, and we're in the city. You're not going to drive fast."

"Listen: I always fasten my seatbelt, at least since my accident last year. I wasn't wearing it, and I broke my nose when I hit the windshield."

"Oh yes! I know that **you've become quite careful and do everything to avoid accidents.**"

"Absolutely. I take as many precautions as I can. **Once bitten, twice shy.** Fasten your seatbelt!"

---

6 (page 8)

[Beatrice has just moved. She now lives in a small town and is talking to her neighbor.]

"I'm very pleased to live here. People are nice, and the countryside isn't far away."

"Where did you live before?"

"In Paris. My husband loves big cities, and he had a good job, with a good income. But I found living in Paris difficult, and I insisted on moving here. My husband finally agreed."

"And doesn't he ever miss his old life style?"

"A little. But... Hush! **Let sleeping dogs lie! Don't mention it when he's around!** He might change his mind."

"**I won't bring up the subject when I meet him.** That's a promise."

---

7 (page 9)

Tonight, there's a great piano concert in town. It's an exceptional event because the pianist, Sylvie Dumont, is a young prodigy: she's only nine years old, and she plays like a pro.

She's been studying for only a few years, but she understands everything, and she plays effortlessly: her father is a famous violin teacher and her mother is a ballet dancer. **Sylvie has inherited her parents' gifts.**

Nobody is surprised by the little girl's talents: **like breeds like.** Still, there's a slight problem: where to find a piano stool small enough for Sylvie, for tonight's concert?

---

8 (page 10)

Mr. Delmas is the French chess champion. He has a son, now twelve years old, and he has decided to enroll him at the local soccer club.

The little boy has tried hard to play well; he's run and run on the track, and he has attended training sessions regularly at the sports field, but with little success.

So he quit soccer and took up chess. Now he's the best player in his club and participates in international tournaments.

The apple doesn't fall far from the tree. Mr. Delmas excels in mind games, and **his son is following in his footsteps.**

When will he be the world chess champion?

---

9 (page 11)

"You know, I've just bought a house. I'd like to build a veranda but my neighbor thinks it's not such a good idea. I'll do it all the same."

"Oh, really?"

"We've also changed our car. I bought a big station wagon but my cousin thinks it's not what I need."

"I see. You're taking a lot of criticism."

"Nothing to worry about. **To each his own. I let others talk, and I do what I feel is right.**"

---

10 (page 12)

[Annie's talking to her girlfriend Brigitte.]

"Yesterday, my husband and I were invited for dinner at the Fremonts. And my husband began telling the lady sitting next to him how beautiful she was in her black dress."

"You know your husband loves paying compliments to women..."

"I do, and I told him to stop. He resisted the temptation for a while, but an hour later he assured my friend Mary that she was the most beautiful blonde he'd ever seen. Then he announced to Sophie that he adored her blue eyes."

"**A leopard cannot change its spots.** Your husband likes small talk; it's his nature. **He's like that; you won't change him.** I would like to have a husband who knows how to pay a compliment."

11 (page 13)

"So... I see you're still getting ready for your entrance exam to the University."
"Oh yes. I study six hours a day, and I go to bed at nine every night."
"You're ready then, aren't you?"
"More or less. But I'm still a little worried."
"Why?"
"Because of Luc, a student in my class. He claims that he works ten hours a day, that he knows the contents of all the courses by heart and that he has read loads of books. He tells everybody he's certain he'll pass the exam. That's not my case."
"Don't panic! **Talkers are not doers.** Keep on studying at your own pace, and you'll succeed. **Don't pay any attention to people who talk too much!**"

---

12 (page 14)

"Grandpa, how did you become rich?"
"Life has not always been easy for me. When I was young, I sold light bulbs in the street. I was often hungry because I saved money to buy a store and, one day, I bought a small store with financing and I began selling radios and TV sets. My profits increased, and I opened an electrical supermarket, then a second one, then another, and so on... You see, **every little bit helps.**"
"And now you own stores all over the country. But I understand it hasn't been easy or quick; **you became rich gradually,** thanks to your patience and your hard work."

---

13 (page 17)

It's very hot today. Mr. and Mrs. Ponsard want to go to the beach with their two children. They get their bathing suits, towels, and toys ready and then get into the car. Surprise: it won't start. The battery is absolutely dead, it's impossible to go.

The children start crying because they desperately want to go swimming. Then Mr. Ponsard has an idea: he inflates a small rubber swimming pool, puts it in the yard, and fills it with water.

He tells the children: **"Half a loaf is better than none.** We can't go to the seaside, and **you will have to compromise with that pool. It's better than nothing** and, at least, we won't have to spend hours looking for a parking space at the beach."

---

14 (page 18)

Marcel's a former factory worker who dropped out of school; he has just won the lottery. He's now very rich, owns three Ferraris and dresses in luxury clothes, but he still isn't very refined.

Today, he and his wife are in the best restaurant in Paris; Marcel is browsing through the menu and asking the maitre d':

"What exactly is caviar?"

"Sturgeon eggs, sir."

"Very well, give me three of them in an omelette!"

The maitre d' doesn't make any comment but thinks: **"What's bred in the bone will come out in the flesh. It really is difficult to hide one's origins...** Now, about that omelette: how am I going to make it?"

---

15 (page 19)

"Mireille, who's that boy you went to the movies with last night?"

"His name's Mark. Handsome, isn't he?"

"Yes, and he looks like a nice guy. Is he your new fiancé?"

"Not exactly. I like him a lot but I find Bernard more interesting."

"Who's Bernard?"

"You know him. He's in my class. He's very tall and muscular. I'd like him to invite me to a disco one of these days."

"Mireille, be careful! **Don't try to do two things at once.**"

"I know. You think I shouldn't?"

"Definitely. **It's never wise to try to go in two directions at once.**"

---

16 (page 20)

"Did you ever find an apartment?"

"Yes and no. I'm still undecided. I found a fairly large apartment for 500 euros a month. If I want, I can move in tomorrow. On the other hand, I visited a very large apartment in a nice area that I can get for the same price. But the owner has received several offers. He told me he'd call me next week. I might be lucky."

"If I were you, I'd take the first one. **A bird in the hand is worth two in the bush. If you wait one more week, you might not get the second apartment, and the first one will be gone.** You will have lost everything. And remember: you've been looking for a place to live for three months..."

---

17 (page 21)

Alfred's a brilliant artist. He's probably the best painter of his generation. He painted five pictures, all of them masterpieces. He sold them at a very good price and immediately decided to stop working.

Alfred spent all his money on sports cars, on travel, and on five-star restaurants. Today, he's left with almost nothing.

He doesn't want to work but **necessity knows no law;** all the patrons of modern art are pleased to learn that Alfred **is coming back to painting.** But only **because he needs the money!**

18 (page 22)

"Are you still in touch with our school buddies?"

"Yes. Julien's now a doctor in Marseilles, and he calls me from time to time. Florent lives in Africa, and he writes to me regularly. André sends me a card every New Year."

"What about Simon? What's become of him?

"He doesn't do anything. He still lives here and tries to borrow money from everyone..."

[There's a knock at the door.]

"... Come in! Well, well, well! **Speak of the devil!** Good morning, Simon. How are you? **We were just talking about you when you came in.**"

---

19 (page 23)

"Good morning, headmistress. You asked me to come and see you?"

"Yes, Mr. Béranger. We have some problems with your son. As you know, he's very big and strong for his age, and he bullies the smaller children. He's always annoying them, in the classroom and on the playground."

"I'm sorry to hear that."

"Your son fights with everybody... Well, not quite everybody, actually. There's another boy in the school who's also very big and strong, and your son never touches him."

"Of course. **Dogs do not eat dogs.**"

"Your son's logical on that score. **Strong people never attack those who are as strong as they are.**"

---

20 (page 24)

"Look, Mom! I've just bought two hamsters, and I'm going to breed them. Soon, I'll have thousands of them. I'll sell them, make lots of good deals, and then I'll buy you some diamonds."

"Wait a minute! What exactly are you going to do?"

"When my hamsters have babies, I'll sell them. With that money, I'll buy rabbits, and I'll do the same thing. Then, I'll buy horses and a whole farm. So, Mom, what do you prefer? A bracelet or a diamond ring?"

"Your plans sound interesting but **don't count your chickens before they're hatched.** You've plenty of ideas but **you haven't made your fortune yet.**"

"Well... Maybe... By the way, could you give me a little money to buy a cage?"

---

21 (page 25)

After living in Paris for several years, Ms. Leroy's coming back to her hometown. She remembers that the pastry shop on Pasteur Street used to make excellent cakes, and she immediately goes there to buy some.

But at that address, there's nothing left, only a parking lot. Ms. Leroy then heads towards the pastry shop on Church Street. That one's closed down too.

Ms. Leroy stops a passer-by. "In this town, **lots of stores have closed down because they couldn't compete with the supermarket,**" he explains. "Very few have survived: **big fish eat little fish.**"

"How unlucky," Ms. Leroy says, "I hate mass-produced pastries."

---

22 (page 26)

[Mrs. Larchey is phoning her sister.]

"This morning the police came to the house. They wanted to talk to Sebastian."

"Why, what has your son done? He's a quiet boy, as a rule."

"Indeed. But the police told me that they've seen him talking to a gang of thieves several times. Well... Last night, some cars in our street were broken into, and fifteen car radios have disappeared."

"And, of course, the police suspect Sebastian. **Your son's paying for keeping bad company.**"

"Exactly. I tried to defend Sebastian but the detective told me: '**If you lie down with dogs, you'll get up with fleas.**' He may be right, you know..."

---

23 (page 27)

"Sir, I have to report that some guests of the hotel are complaining."

"What's up? A problem with the room service? With the staff?"

"No, no, not at all. But some guests would like to change rooms. They are scientists, and they want to have some rest before an important seminar. On the same floor, close to their rooms, there is a soccer team; the players are celebrating their victory, and they are rather noisy."

"I understand. **Different strokes for different folks.** Put the scientists in some other rooms. **One should not put such different people in the same place.**"

---

24 (page 28)

It's examination day at the local Junior High School. The teacher's noticed that a student looks at his left hand quite often. She comes up to him:

"Francis! Show me what you're holding in your left hand!"

"Nothing, teacher, nothing, I assure you..."

"May I remind you that this is an exam and that you're not allowed to use any document. Open your hand!"

"All right, teacher, you win: it's just a scrap of paper on which I've written the chemistry formulas. How did you guess?"

"**There's no substitute for experience.** I, too, **was a student before being a teacher.** I know the students' tricks, and I also know how to cheat."

25 (page 29)

Peter and Mary, a young married couple, want to go to the movies tonight. But they have a six-month old baby, and they must find someone to look after him.

Mary's mother has promised she would come, but she lives on the other side of the city. She has to take a cab, and she can't be sure that she'll be there on time. Peter therefore suggests that Mary ask their neighbor if she can look after the baby. As one never knows, he also advises her to start looking for a babysitter because **better safe than sorry.**

If Mary's mother can't make it on time, the young couple won't be able to go to the movies; consequently, **they have to think of other solutions in advance.**

---

26 (page 30)

Mrs. Lucas used to be a math teacher at the local high school. Last year, she turned sixty-five and retired.

At first, she was very happy with her new situation because she had a lot of free time.

But **one always goes back to one's roots.** So after a few months, Mrs Lucas **decided to offer free math lessons** to students who have difficulties with math.

And several of her old students who had never studied seriously came and asked for her help. Some of them were already in their forties!

---

27 (page 33)

"Teacher, here's my math homework!"

"Thank you, Arthur. I'll just glance through it...That's very good. Excellent! Tell me, did you do your homework all by yourself? I'm a bit surprised."

"Well... My father helped me with some questions."

"That's exactly what I thought. **You can tell an artist by his handiwork.** I know your level in mathematics and, **when I saw that paper, I immediately realized that someone had helped you.**"

---

28 (page 34)

"I met our new neighbor this morning, and we talked for a few minutes."

"Is he a nice man?"

"Yes, but he has rather strange ideas: he wants to chop down all the trees in his garden and replace all the flowers with vegetables. He also wants to knock down the little fountain in front of his house."

"What? But it's awful! I'll go and see him right away, and I'll try to dissuade him from doing it."

"No, you won't. **A man's home is his castle.** I don't like his ideas either but **it's his house, and he can do whatever he wants with it,** even if it seems ridiculous to us."

128

29 (page 35)

Mark Hamel is a French architect who is now famous all over the world: he built the big library in New York, the Tokyo sports arena, and the enormous new tower in Toronto.

Yesterday he invited me to his place, and I was literally horrified. The layout of his house is not functional at all; the living room is tiny and very crowded; the bedrooms are huge and they don't have any storage.

I think it's right to say that **the shoemaker's son always goes barefoot.** Mark, **this brilliant architect, lives in a very neglected house.**

30 (page 36)

"I have a tremendous amount of work at the office these days: there's a lot of activity around, and I work overtime. In addition, my colleague's sick, and I also have to do his work."

"Why don't you ask the general manager for a raise?"

"I don't dare. I'm only a low-level clerk, and I don't think he will agree to see me in his office."

"Why not? **A cat may look at a king.** You, too, **have a right to talk to that powerful executive.**"

31 (page 37)

"I'm learning bridge. It's an interesting game but it's also quite difficult to learn. I'm beginning to wonder whether I should quit, because I have the feeling I'm not making much progress."

"Do you play often?"

"No, I don't. Hardly once a week. But I've been reading a lot of books on bridge."

"It's not enough. You need to play more often, every day if you can. **The only way to progress is to play regularly. Practice makes perfect.**
Anyway, when learning bridge, only the first twenty years are hard. After that, it's a piece of cake."

32 (page 38)

"Look! Here is a parking space! I'll park here... Here we are... I'll switch the engine off. Now the doors... It's perfect! We're right in front of the movie theater."

"Wait! You locked the car doors but you left the radio inside."

"So what?"

"It's the latest model, and I believe it's quite expensive. Aren't you afraid someone might steal it?"

"No, this is a very quiet neighborhood. No risks at all."

"Opportunity makes a thief, you know. **Never tempt people.** Someone can walk past the car, see the radio inside, and decide to steal it on the spot. And I'd like to listen to the radio news when we leave the theater..."

33 (page 39)

[Two university professors are talking.]

"The head of the language department told me that we would have a new colleague in September, a certain Mr. Trivier. He will teach English. It seems that he's made a name for himself: he has a doctorate in English, and he holds a variety of degrees in other languages. He also lived for some time in English-speaking African countries."

"That's all very well, but is he a good teacher?"

"I have no idea. He has never taught before; I believe that this university will be his first professional experience."

"I see. All his degrees don't mean much to me. **I'll wait to see him at work before I assess his abilities. The tree is known by its fruit.**"

---

34 (page 40)

"Are you still looking for a job or did you find something?"

"Last week, I was offered a position in a shipping company. It isn't very interesting but I accepted because I need the money."

"What do you do?"

"I repair trucks. As you see, nothing too exciting!"

"For the time being. But if you work well, you'll get promoted. You can even become head mechanic, or technical supervisor, or even more. **The sky is the limit.**"

"That's true, **anything's possible, but it requires hard work.**"

"And, above all, patience."

---

35 (page 41)

"Have some vegetables with your meat!"

"No, thanks, Mom. I don't want any."

"Your diet's really awful. I am sure you do the same when you're at the university: you don't eat any fruit or vegetables, you don't drink any milk..."

"No. That's too expensive and I prefer to spend my money on books or CDs."

"Yet, **an apple a day keeps the doctor away. Having a balanced diet's essential.** One day, you'll get sick... And you'll have plenty of time to read your books or listen to your CDs in your hospital bed."

---

36 (page 42)

"It's a scandal! I'll write to the TV stations, the radio stations, and all the newspapers."

"Calm down and tell me what's happening."

"Last night, I was watching the news on TV. And the anchorman announced that an old painting had been found abandoned in an attic. All the experts swore it was a Picasso. But I recognized the painting at once: I'm the one who painted it 40 years ago. I sold it to an American tourist for a few dollars."

"**Only the rich get richer,** and the experts' reaction is logical. You are a mere nobody, and **they prefer ascribing paintings of unknown origin to famous artists.** It's only human."

---

37 (page 45)

"So, what do you think of my new house?"

"It's fantastic. And the garden's huge. By the way, why don't you build a swimming pool?"

"I don't think I will! If I build a swimming pool, I'll have to change the water regularly, put chlorine into it, rake up the dead leaves, and what not..."

"You said it...**no pain no gain.** But you'll be able to swim all summer long. **It's worth some effort.**"

"I'm too lazy. And, instead of a swimming pool, I'll hang a hammock in my garden...to take naps in the sun."

---

38 (page 46)

"Sir, I'd like to request your permission not to come to work next Friday afternoon. A friend of mine invited me to a fishing party and..."

"All right. I'll give you your Friday afternoon off. In return, you'll stay in your office a few more minutes every day this week."

"Oh? Well, you see, this week, I intend to leave at a quarter to five every day because..."

"No! No! No! You're pushing it too far! Be sensible. **You can't have your cake and eat it too. If you don't work on Friday afternoon, you'll have to stay a little later all the other days of the week.** This office isn't a vacation resort!"

---

39 (page 47)

"Hello, Francis! Good morning. I'd like to ask you for some information: I know you got financing to buy your house; could you tell me how you did it?"

"What a surprise! You've told me again and again that you pay cash for everything and never use credit. You have always claimed that you'd never ask anything from a bank."

"I know, but I found a superb house which is for sale, and I changed my mind."

"Which goes to prove how true the old proverb '**Never say never**' is. **One never knows what the future has in store.**"

40 (page 48)

"Mom, do you think that Dad will allow me to go to the disco Saturday night?"

"I don't know. You might have some trouble getting his OK. Your father didn't really appreciate having to pay for the neighbor's window you broke last week. But I'll give you some good advice: wash his new car without telling him. This will be a good surprise for him, and it will put him in a good mood."

"Phooey! The car's very dirty. That means at least an hour's work."

"Possibly. But if **you give a little, you get a lot.**"

"You may be right, after all. **It's a small sacrifice that can yield a big return.** And I'll tell my little sister to help me!"

---

41 (page 49)

"Officer, could you explain why you think Mrs. Darmon's guilty? At the time of the murder, she was watching TV. She swears she can tell me all the details of the movie. In addition, she was the victim's friend. She says she liked her a lot; and she swears she doesn't know how to use a gun and..."

"Precisely, captain. **She talks too much, she tries to defend herself by giving too many details.** And experience has taught me that **the guilty dog barks the loudest.** An innocent person wouldn't act like that. Besides, I didn't mention it earlier, but we found Mrs. Darmon's fingerprints on the gun."

---

42 (page 50)

"Mr. Mayor, rumor has it that you have decided to build a new stadium at the entrance to the city, on the road to Paris."

"That is correct."

"But several people stated on the radio that you will have to cut down a lot of trees, and that's bad for the environment."

"Wrong. We'll plant new trees around the stadium."

"And a group of townspeople wrote in the paper that it would create problems for the traffic to Paris."

"Not at all! We'll build a new road. Don't listen to **what these ignorant people say!** They talk a lot but, as you know, **empty vessels make the most noise.** The project is excellent, and it has received the approval of a vast majority of citizens."

---

43 (page 51)

"Darling, you know that tomorrow night we're having dinner with the Duke and Duchess of La Trémoille?"

"I do. And, if I accepted the invitation, it was only to please you, because you wanted to see their manor."

"Well... I don't know how to put it but... There's a soccer match on TV tomorrow night, and I'd like to watch it. Can you phone the Duchess and make up some excuse to explain that we can't come?"

"Certainly not. **As you make your bed, so you must lie upon it.** You did everything you could to be invited to that dinner. So now you call them and make up some kind of an excuse. **Take responsibility yourself!** And use your imagination!"

---

44 (page 52)

"What are you going to do during your summer vacation?"

"My wife's adamant about spending a month in the mountains, and I want to go to the seaside."

"Then, make her an offer: one week in the Alps and four weeks by the Atlantic Ocean."

"No! I want to spend my five weeks of vacation on the beach, sailing, water-skiing, building sand castles..."

"Listen! **Give some up and keep the rest. Make some concessions to your wife;** if not, she'll demand that you spend five weeks in the mountains. And what will you do in the snow with your bucket and shovel?"

---

45 (page 53)

"Do you remember when the basketball team captain contacted me, six months ago?"

"I do. You asked him if you could play on his team, and he agreed."

"I was very flattered, and I committed myself to playing for the whole season. But now it's getting more and more difficult for me. I must go to the gym almost every day; my week-ends are taken... I really feel like quitting."

"You can't. **As you make your bed, so you must lie upon it.** You are the one who requested it, and you promised to finish the season. **You must keep your word.**"

"I'm really a martyr to sports."

---

46 (page 54)

It's the first day of vacation, at last. The whole family is getting ready to leave for the Atlantic Ocean for a few days' stay. The father is coming out of the house to have a look at the car.

"Why haven't you put the suitcases in the trunk?" he asks his wife.

"Because **I can't be in two places at once,**" she answers. "I had gone to buy some snacks for the trip. **I can't be here and there at the same time.** I just came back and now we'll load the suitcases together."

47 (page 57)

"I'm going to buy a brand-new sports car."

"Very good. And so, you'll be able to drive me to the beach on Saturday."

"Actually...no. I don't have my driver's license yet."

"And you're going to buy a car! Thomas, **don't put the cart before the horse!** You'll spend a lot of money, and your car will remain in your garage, losing value month after month. That's ridiculous! **Do things in the right order.** First take your driving test!"

---

48 (page 58)

"Children, what's that noise I've just heard?"

"It's Paul. He's broken your beautiful pink vase, Mom. He was playing with me in the living room with his model cars and..."

"Are you sure it's Paul? You didn't do anything yourself?"

"No, no, I haven't. He did it. It's all his fault."

"Hmm... **Hear the other side, and believe little.** Before punishing him, I'll go and talk to Paul. **I'd like to hear his own version of the accident.**"

"Well... Wait, Mom! Now that I think of it, maybe I didn't see the vase, and that's why..."

---

49 (page 59)

"I see that our neighbor's daughter has a new boyfriend. I thought she was going out with Michael."

"That's true. But Michael's in the military, and he went away to Polynesia for six months."

"I understand. **Life goes on.**"

"Yes. **She met another boy, and he replaced Michael in her heart.**"

"But what'll happen when Michael comes back from Polynesia? To be continued..."

---

50 (page 60)

"So, did you manage to sell your manuscript to a publisher?"

"Don't talk about it! It's an absolute catastrophe. I sent out one hundred letters, I requested appointments, I went to Paris ten times... To no avail. I'm beginning to lose hope, and I wonder if I shouldn't throw my manuscript in the fire."

"Come on! **Never say die.** Your manuscript is excellent. **Don't give up too soon.** For starters, try to rewrite a few chapters and change the title."

51 (page 61)

"Dad, can you help with my physics homework?"

"Certainly not! Yesterday, I did your math exercise, the day before that, it was your French homework, and two days ago I drew the map of Europe for your geography class. **Enough is enough! You're exaggerating!** When I come home after work, I would like to rest; I don't want to do my daughter's homework. So **it's all over. From now on, you'll manage by yourself.**"

"And, maybe that way, I'll finally get good grades..."

52 (page 62)

"You look tired."

"Yes, I'm overwhelmed with work. My boss is on vacation in Martinique, and he's asked me to take care of all his correspondence while he's away, in addition to my normal work. Obviously, I couldn't say no."

"It's an old story: **it's better to be a hammer than a nail.**"

"It's unfair all the same. **I'm being exploited by the boss.** While I'm slaving away here, my boss is getting a good tan in the sun."

53 (page 63)

[Two friends are chatting in a restaurant.]

"I have great news: I've just heard that a new home entertainment store is opening on Bonaparte Street tomorrow and that the first ten customers will get a free TV set."

"Where exactly is this store? Bonaparte Street is very long."

"It's..."

"Careful! **Walls have ears.** Don't talk so loudly. **The other customers in the restaurant could hear you.** And I do need a new color TV."

54 (page 64)

"It's very kind of you to help me paint my house."

"Don't mention it. Let's start right away. Give me a brush... What! You call this a brush? It's losing all its bristles."

"Is it? Maybe I should buy another one."

"Definitely. And you should also buy a new ladder. This one is about to collapse. Arthur, something is telling me you're not very good at doing practical jobs."

"Why?"

"**A bad workman blames his tools.** I can see your equipment, and **I don't think that you use it very often or very well.**"

55 (page 65)

"What are we doing next Saturday?"

"We could stay at home and work in the garden."

"Excellent idea. The grass needs cutting, it's too long... Or we could go and visit your parents at their farm."

"Why not? Then they could see their grandchildren."

"Right, but who's going to take care of the garden? On the other hand, some fresh air would do us good... Hmm... I can't decide..."

"Listen, **there no middle course. You can't remain undecided like that for the whole week. We need to make up our minds quickly.** If you like, I'll give you a coin, and you can toss it."

---

56 (page 66)

"I've just been talking to my cousin on the phone. He's really unlucky: his last fiancée has just left him. He's nearly thirty, and he wonders if he will ever find a wife. He might not be the most handsome of men but he's very nice and very intelligent. I feel sorry for him."

"Don't exaggerate! **Every Jack has his Jill.**"

"Yes. He might be too demanding. After all, in this world **there's a woman for every man.** You just have to look around."

---

57 (page 69)

"Vincent! I've seen a commercial for a new car. You must buy that car, you really must!"

"Why? What's so special about it?"

"It's roomy and very fast. And it comes with loads of gadgets."

"And how much does it cost?"

"40,000 euros. But that's a detail. Run to your dealer!"

"**Thank you for your advice but I don't think I'll buy it.**"

"I can't understand why not. It's an ideal car."

"But it's too expensive. **Nothing is given so freely as advice.** And I don't have the money."

---

58 (page 70)

"Yesterday, I met our former neighbor, Mr. Dupuis, on the street."

Oh yes! I remember him: he used to smoke three packs of cigarettes a day, and he was constantly shrouded in a cloud of smoke."

"That's him all right. He told me that he had problems breathing. He saw a doctor who advised him to cut down on his smoking. And Mr. Dupuis decided to give up smoking once and for all. He went even further: he's now the chairman of the national anti-tobacco committee."

"That doesn't surprise me. **New converts are the most pious.** I've often noticed that **when people start breaking bad habits, they go to the other extreme.**"

136

59 (page 71)

"I have just heard some bad news: our manager has not paid the company taxes, and the central administration is going to send a tax controller here."

"So what are you worrying about? There is a simple solution: the manager goes to the bank and requests a loan to pay the taxes."

"I don't think that this is a good solution. **It's robbing Peter to pay Paul.** We have got to find something else, like selling our building on De Gaulle avenue, for instance."

"On second thought, you may be right. **You never solve one problem by creating another.** If we borrow money, how will we pay off the loan?"

60 (page 72)

"I had an excellent article for the local newspaper. In it, I explained how to attract more tourists to our region. I went to see the editor to show him my article."

"What does he think of it?"

"He liked it but he said that some paragraphs needed rewriting, and that I should take a picture or two to illustrate the text. Then he'd publish it. But it's too complicated for me; I don't even own a camera. I give up."

"No, no! **The end justifies the means. Buy a camera, rewrite your text.** It might be the first article of your long career as a journalist."

61 (page 73)

"Colonel, I'm Sergeant Dubois, and I requested an appointment to tell you that the food here is really bad."

"Sergeant, I'm a little surprised by your visit. Normally, you should go through your chain of command and see your captain first."

"I know but **it's better to talk to the organ-grinder than the monkey. If I talk to the captain about it, I cannot be sure that the information will be passed on** and that something will be done about it."

62 (page 74)

"You know, I have a new fiancé. His name's Nicolas. He's gentle, intelligent, patient, very rich, and very loving."

"Congratulations! I believe you've met the ideal man... Oh! Look at that guy walking towards us. I've never seen anybody so ugly and so badly dressed. Moreover, he looks stupid."

"Listen, **don't judge a book by its cover.**"

"Perhaps, but **that one seems to have every possible flaw.**"

"**Don't be so sure!** That's Nicolas, my fiancé."

63 (page 75)

"This is my first time in a casino. Thank you for coming with me. Explain to me how the slot machines work."

"All right. Listen carefully: you put a coin in this slot, you pull here, on the right, and you watch the wheels turn. But you won't win every time."

"I'll have a try. I put in my coin, I pull... The wheels are spinning... Oh! Look at all these coins falling down! Did I win?"

"You did. **The meek shall inherit the earth. You've had beginner's luck.** Do you want to keep on gambling or will you treat me to dinner at a good restaurant?"

64 (page 76)

Mr. and Mrs. Belmont have brought their children up very strictly: they were never allowed to go out on Sundays or to watch TV during the week; they had to ask their parents' permission to leave the table when meals were over, and so on.

Yesterday night, I had dinner at the Belmonts' daughter's house. She's now twenty-eight, and she has a young son. I watched him during dinner: he does whatever he wants, he runs everywhere, he never gets punished. **The miser's son is a spendthrift.**

The young mother behaves totally differently from her own parents; but who can say who is right?

65 (page 77)

"So, we agree? We organize a dinner Saturday at eight, and we invite all our friends?"

"Agreed. I'll call them. I'll first phone Jack, and I'll tell him dinner's at 7:30."
"Why lie to him?"

"**To know a friend is to respect him. Jack's always late** for his appointments. Very late even. **So I act accordingly.**"

"Let's hope that, for once, he won't get here on time!"

66 (page 78)

"You're really too lazy: you spend your time sleeping on the sofa. You need some exercise. Look at you: you're starting to put on weight."

"I am aware of it but I hate sports, and I don't like walking."

"I'll give you a piece of advice: buy a young puppy. You'll be forced to walk him; he'll run, and you'll follow. He'll enjoy playing with a ball, and it'll give you plenty of exercise."
[One week later]

"So... Did you buy your puppy?"

"I did, but look at him: he spends his time sleeping on the sofa."

"**Birds of a feather flock together.** Unknowingly, **you chose a dog who is as lazy as you are.**"

138

67 (page 79)

"Our school principal just came up with a new idea: he wants to change the school hours. He's going to poll all the students about what they would like."

"I don't think your principal realizes what his decision implies."

"What do you mean?"

"Too many cooks spoil the broth. Each student will have a different idea on the matter, and it'll be impossible to make everyone happy. Moreover, the discontented will say that nobody is listening to their opinion. It'll be worse than the present situation."

68 (page 80)

I went on vacation in the Alps with my son who is 15 and my father who is 75.

My son didn't enjoy his vacation very much since he isn't familiar with the mountain environment, he didn't bother to protect himself against mosquitoes, and he got bitten. He didn't wear anything on his head, and he was affected by the sun. He refused to take my advice when I told him to wear sturdy shoes, and his feet soon hurt.

My father didn't see much: he walks slowly, and he has difficulties trudging up mountain tracks.

Youth is wasted on the young! Unfortunately, **when you have acquired experience, you often don't have enough physical strength left.** Come to think of it, I'm the only one who has both.

69 (page 83)

"What are our basketball team's chances for the new season?"

"I think it will perform miracles. A new American player has just arrived. He is 6'2", and has been the U.S. champion several times. With him, there is no problem."

"I'm less optimistic than you. **Don't make hasty judgments.** The rest of the team isn't very good, and **this champion's qualities make you forget the other players' shortcomings."**

70 (page 84)

"You're looking very pensive!"

"Yes. My friend Leopold has a small problem, and I'm trying to find a solution. His children asked him to take them to the zoo next Saturday, and he said yes without thinking. His wife, on the other hand, has just reminded him that he had promised to go to the supermarket with her. So Leopold has a difficult choice to make, and he asked my advice."

"Careful! **You (and he) will be between a rock and a hard place.** Whatever he does, someone will be disappointed: either Leopold's children or his wife. If I were you, **I wouldn't interfere in that delicate matter.** You'll get nothing but trouble."

71 (page 85)

"That's it! I've passed my exams, and I'm finally a doctor!"

"What are you going to do now? Work in a public hospital?"

"No. I'd like to have a private practice. But I'm afraid I might not succeed. How am I going to find patients? Will a bank lend me money to buy a practice? Will I be able to work all by myself, without a secretary?"

If you can't stand the heat, get out of the kitchen. If you want to succeed, you must be willing to take risks. If you're not, work in a public hospital."

72 (page 86)

When I was a child, I used to live in Kenya, and I had a friend whom I liked very much. His name was Wilson, and his family lived next door to mine. Years went by. I came back to France and said goodbye to Wilson. I never thought I'd see him again.

I had forgotten that **there are none so distant that fate cannot bring together.** Yesterday, I was strolling down the Champs-Elysées when, suddenly, whom do I see coming out of a hotel? Wilson! He was vacationing in Paris with his family. **This is really a small world!**

73 (page 87)

As a rule, for breakfast I have a few croissants, some cereal, and a glass of milk.

But I invited my cousin André for the weekend, and I have to go to the supermarket to do some shopping. For breakfast, he drinks a mixture of tea and coffee with a lot of sugar, and he eats a ham omelette with a marmalade topping.

I find it a bit strange but, after all, **it takes all kinds. My cousin can eat whatever he wishes.** However, he should be careful. He already weighs more than 240 pounds.

74 (page 88)

Cyril Duval has decided to drop out of school in order to become an actor. He went to Paris, full of hope. Within six months, he thought, no doubt he would be a big star!

But reality is cruel. There are lots of actors in Paris, and Cyril is totally unknown. He has trouble making ends meet, and he's forced to accept small parts in theater plays or commercials.

Life isn't easy every day, but he's still hopeful because he knows that **Rome wasn't built in a day.** All of today's big names started like him, and **it has taken them years of effort to become famous.**

140

75 (page 89)

"Dad, I think I'll quit school. I want to be a businessman. My dream is to open a huge shoe store."

"Are you sure that you can make a living that way?"

"If I find a good spot in a commercial street, if I have a large and nicely decorated store window, if I sell good merchandise, and if my prices are reasonable..."

"If ifs and ands were pots and pans, there'd be no work for tinkers' hands. All this is pure speculation. You haven't gotten anything concrete. With "ifs" I, too, could be a millionaire."

---

76 (page 90)

"I found a terrific motorbike! The motorbike I have always dreamed about: it's a big Japanese model, fully equipped. It's two years old, and the seller is asking a reasonable price. I think I'll buy it."

"Of course! Go for it!"

"There's only one thing that makes me hesitate: it's blue, and I don't like that color for a motorbike very much."

"You mean that this detail is preventing you from buying it? But **there will be bumps in the smoothest roads. In this life nothing is perfect.**"

"You're right! I'll go straight to the bank to get the money. Are you coming along? Afterwards, I'll take you for a ride on the bike."

---

77 (page 91)

Norbert was a very good cook. After graduating with honors in Paris, he came back to his small town and opened a high class restaurant. He created new dishes, all of them excellent. He advertised on the radio and in the papers, but to no avail.

Six months later, he had to close down: the locals preferred traditional cuisine.

Norbert then left for New York. He opened a French restaurant on 17th Street. It's a total success: his establishment is always full, and his culinary creations are very much appreciated by his customers.

No man is a prophet in his own country. It's often necessary to go far away from home to gain recognition.

---

78 (page 92)

"I see that you are back from the supermarket. Do you have any small change in your pocket?"

"Yes. Here it is. What do you want it for?"

"I'll put it in my piggy bank."

"But it's only a few euros."

"Tall oaks from little acorns grow. One euro today, two euros tomorrow and **by the end of the year, I'll have enough money** to give you a wonderful Christmas present."

79 (page 93)

"I've just bought a house on a large piece of land, and I already have trouble with my neighbors. One of them says the branches of my trees are too long and reach over his property; the other one swears that my television antenna could fall on his roof because it's too high."

"That's the way it goes. **He who has land has quarrels.**"

"I know but I hate that kind of conflict."

"Move out!"

80 (page 94)

"Could you go a little faster? You're only going 80 kilometers an hour. At that speed, we won't reach Lyons before dark."

"Slow and steady wins the race. My car's very old, and the engine's a little tired. If you don't want to break down and end up going by train, **it's better to drive slowly and not be too demanding on the engine."**

81 (page 97)

"It's awful! We've been vacationing in Brittany for two weeks, and it has rained every single day! I've just called Mr. Fromentin, my colleague at work; he is in the Bahamas enjoying magnificent sunshine. He's very happy, and he made fun of me."

"Don't be pessimistic! **Laugh on Friday, cry on Sunday.** I've just heard the news on the radio: the weather forecast is for sunshine in Brittany tomorrow and a hurricane over Florida and the Bahamas. I believe **your colleague will make less fun of you tomorrow."**

82 (page 98)

Sophie's just turned 14, and she asked her father permission to go out with her friends next Saturday night. He agreed on the condition that she be home before midnight. Sophie promised to be back on time.

But the young girl enjoyed herself a lot that night; she forgot all about the time, and when she looked at her watch, it was already one o'clock.

At home, her father was waiting for her in the living room. He uttered just one sentence: **"Punctuality is the politeness of kings."**

The girl is grounded. No more outings for months. That's how she learned that **one should always be punctual.**

83 (page 99)

I was strolling along the beach yesterday when I met a motorist who had gotten himself into a tricky situation. He had parked as close to the sea as possible and he ended up in the sand. He was stuck. He stopped me and begged for my help. He even offered me money to push his car. I agreed to do him the favor, and within two minutes it was all over! Well, would you believe that the driver did not even thank me! He slammed his door and left. **When his day is done, it's good-bye saint.** I was very disappointed. It's incredible: when people need you they fall on their knees, but **after things improve they forget to show their gratitude.**

84 (page 100)

"Hello, Nathalie! I hear you've found a new job."

"Yes, in a bank. I deal with investments. It's perfect for me. I hate routine, and there's always something new. The day before yesterday, I was in Mexico City for an important meeting. Yesterday, I spent my day in front of the computer, and I lost one million. Today, I made phone calls all over Europe, and I made two million."

"Well! **What a day may bring, a day may take away.**"

"This is what I like in this job: **I never know what will happen tomorrow.** It would be really perfect if I could take some days off from time to time..."

85 (page 101)

"So, you're going on vacation tomorrow?

"Yes. I know that driving out of Paris on August 1 isn't ideal but I have no choice."

"I think I'll wait until August 2. Tomorrow, all the highways in France will be jam-packed, and there will be traffic jams everywhere. It'll be very hot, and the motorists will be very irritable."

"Yes, but that would make me lose one day of vacation."

"To each his own. I still say it's better to wait, but **each one does whatever he judges best.** Be careful and have a good vacation!"

86 (page 102)

"We're lucky to have such mild weather on Christmas Eve. Usually, it's very cold at this time of year, and it snows. It really is very pleasant."

"Don't speak too soon! **When winter's mild, spring's generally very cold. A warm Christmas spells cold weather for Easter!**"

"I know. But let's take advantage of the mild weather and go for a walk. We'll see if we have to look for Easter eggs in the garden under the snow!"

87 (page 103)

"Last night, I was walking back from the movie theater when I saw your daughter chatting with a group of young people in front of the statue of Napoleon, on Central Square."

"My daughter? Are you sure? She told me she was going to study at her friend Florence's house. They're studying together for their exams."

"Then I might have made a mistake. You know, **all cats are gray in the dark.** I was far away, and **I couldn't see very well because the moon was hidden by some clouds.**"

"Apology accepted. But I'll ask my daughter exactly what it was she studied last night."

---

88 (page 104)

"Good morning, Claude. You look sad. Do you have any problems?

"Oh yes. I've just lost my job, my wife's in the hospital, and my daughter failed her university exams. I'm going through tough times."

"But things will brighten up. **Every cloud has a silver lining.** I'm certain that with your qualifications, you'll find a more interesting job. Your wife will get better; it's only a matter of time. And your daughter will pass her exams. **Hard times never last long, and the worst situations always end up getting better.**"

---

89 (page 105)

"Grandpa! I just got my driver's license, and Dad's going to buy me a car."

"You're lucky, you know: you'll be able to drive at 18. When I was young, it was quite different. At your age, I only had a bicycle, and I was quite satisfied. I had to wait a long time before I could afford a car. **Times change.**"

"That's right, Grandpa. **The world is changing.** Today cars are cheaper, and young people move around more."

"But are today's young people happier than the ones of my generation?"

---

90 (page 106)

"I think that Pauline's heading for trouble."

"Why?"

"You know she's only 16, and she hasn't gotten her driver's license..."

"Obviously. So?"

"She asked her father to lend her his car. Of course, he refused. So Pauline stole the car keys and drove on the turnpike."

"Without a license? She must be crazy!"

"Yes... And she had an accident, not a very serious one, fortunately. But the insurance company refuses to pay for the damage."

"As you sow, so shall you reap. Pauline disobeyed her father, and now **she is paying dearly for the consequences of her actions."**

---

91 (page 109)

Charles had a good tennis partner, Edgar. Both played doubles, and they often won their matches. The Charles-Edgar pair began to be famous in the region.

Then, one day, Charles felt that Edgar wasn't good enough for him anymore. He played with him less and less, and he looked for another partner.

But he didn't find anybody. Meanwhile, Edgar hooked up with another good player, and they became champions of France in doubles.

Charles understood the message: **step out of line and you'll lose your place. Somebody's always ready to replace the one who leaves to seek his fortune elsewhere.**

---

92 (page 110)

"It's a disaster! I had to go to Milan today to sign an important contract, and I've just heard that all Paris-Milan flights are cancelled."

"All might not be lost."

"Oh yes, it is. I was supposed to be in Milan at 3:30 sharp for the signature. And now it's quite impossible."

"There is no such word as 'can't'. You will immediately run to the station to take the train to Lyons. It leaves in a quarter of an hour. You'll arrive in Lyons at eleven. Then, you take a taxi from Lyons to Geneva. You'll be there...say, at two o'clock. And there, you'll be just in time to take the Geneva-Milan flight. One last cab from the airport to downtown, and you'll be there on time. You see: **there are no problems, there are only solutions."**

---

93 (page 111)

"Everybody swears that Roger is the best golfer in our club. For me, I'm sure that I'm as good as he is. As a matter of fact, I'll offer to play him in a public match in order to prove it. The loser will treat the winner to dinner at the best restaurant in town."

"That's not a good idea. I know Roger's abilities: **get too close and you'll be burned. You will not only have to treat him to a meal but also, you'll make a fool of yourself.** Nobody in this club has ever dared to challenge Roger. Not even me!"

94 (page 112)

This morning I was late for work, and I got dressed quickly. I didn't have time to have my breakfast; I grabbed my briefcase and ran for the door.

But my young son had left his toys in the hall. I stepped on his model cars, lost my balance, and fell.

The day had gotten off to a bad start. **It never rains but it pours.** I couldn't start the car: the battery was dead. I had to wait for the bus in the rain.

And it continued like this for the rest of the day, **just one wretched thing after another!**

---

95 (page 113)

The small town school had been in jeopardy for several years: there were fewer and fewer students, and the teachers were leaving one after the other. All the townspeople were worried because they wanted to keep their school.

This morning, the minister of education announced that the school was about to close down. The locals then decided to take a stand. **Desperate situations call for drastic measures:** the mayor phoned the minister of education, people wrote letters to the authorities; they called the newspapers and the radio stations; TV news crews came to town...

The announcement of **the school closing really triggered some spectacular actions.** The minister gave in, and the school was saved.

---

96 (page 114)

"What a lovely house of cards! How tall do you think it is?"

"One meter, give or take a little. There are about 1,000 cards in it. A three-hour job but the result is spectacular."

"Wait! There's a card here that is not quite straight. I'll straighten it!"

"Stop! **Better is the enemy of good. Don't risk spoiling everything for just a small detail.** You better go and get the camera!"

---

97 (page 115)

"Arnold, where did you get that money?"

"The neighbor gave it to me, Dad. He asked me if I wanted to help him rake dead leaves in his garden. As I had nothing special to do, I agreed. We worked all afternoon. When we were done, he told me, '**A laborer is worthy of his hire,**' and he gave me 10 euros."

"That sounds good to me. **All work must be compensated for what it is worth.** But you'll make an exception for your family: tomorrow, we'll cut the grass around the house..."

98 (page 116)

"What happened to you? You're soaking wet!"

"I'll explain. I wanted to play a joke on Fabrice, and while he was out I put a bucket of water on his office door. I waited a long time for him to come back. Then I forgot all about the bucket. Meanwhile, he saw it, climbed into his office through the window, and called me. Without thinking, I pushed the door open and came in."

"Ha! Ha! Ha! **You were hoist by your own petard! You fell into your own trap.**"

---

99 (page 117)

"Do you know that they are going to take down all the trees on the main square?"

"But why?"

"Because the mayor's wife has developed an allergy to pollen. Comes summer, and she starts coughing."

"That's preposterous! All these beautiful trees will be cut down just to please the mayor's wife. But there will be a public outcry."

"It won't do any good. **Might makes right.** One can regret it but **people in power always manage to get their way.**"

---

100 (page 118)

"Gas went up by 50 cents. That's too much! I'll write to the minister of energy. And they haven't resurfaced the new road yet: I'll phone the mayor. Moreover, planes make too much noise on the landing strips: I've got to contact the airport manager."

"Hold it! It will be a waste of your energy. You can't fight these large institutions."

"**Nothing ventured, nothing gained.** One has to try everything. **If everybody remains in his own corner without doing anything, nothing will ever change.**"

---

101 (page 119)

"I see you've bought the enormous TV set you were dreaming of. Yet you kept saying it was too expensive for you."

"That's true. I really longed to have it, and I looked at it every time I walked past the store. I even thought of borrowing from the bank. Then I decided to start saving. But a miracle happened! A few days before Christmas, the store had a sale of wide screen TV sets, and mine was sold with a 50 % discount."

"You see, **all things come to those who wait. You did well to be patient; it was worth it.** Listen, the soccer match is about to start. Can I watch it with you?"

Index of Proverbs

E

En tout pays il y a une lieue de
mauvais chemin (there will be
bumps in the smoothest roads)
90

Entre l'arbre et l'écorce, il ne faut
pas mettre le doigt (to be
between a rock and a hard
place) 84

L'exactitude est la politesse des rois
(punctuality is the politeness of
kings) 98

F

La faim chasse le loup du bois
(necessity knows no law) 21

Faute de grives, on mange des merles
(half a loaf is better than
none) 17

La fête passée, adieu le saint (when
his day is done, it's good-bye
saint) 99

G

Les gros poissons mangent les petits
(big fish eat little fish) 25

I

Il faut qu'une porte soit ouverte ou
fermée (there can be no middle
course) 65

Il faut casser le noyau pour avoir
l'amande (no pain no gain) 45

Il faut savoir donner un œuf pour
avoir un bœuf (give a little to
get a lot) 48

Il ne faut jamais courir deux lièvres
à la fois (don't try to do two
things at once) 19

Il ne faut jamais dire «Fontaine, je
ne boirai pas de ton eau!»
(never say never) 47

Il ne faut jamais jeter le manche après
la cognée (never say die) 60

Il ne faut jamais mettre la charrue
avant les bœufs (don't put the
cart before the horse) 57

Il ne faut pas juger les gens sur la
mine (don't judge a book by its
cover) 74

Il ne faut pas vendre la peau de
l'ours avant de l'avoir tué (don't
count your chickens before
they're hatched) 24

Il ne sert à rien de déshabiller
Pierre pour habiller Paul (it's
robbing Peter to pay Paul) 71

Il n'est si méchant pot qui ne trouve
son couvercle (every Jack has
his Jill) 66

Il n'y a que les montagnes qui ne se
rencontrent jamais (there are
none so distant that fate cannot
bring together) 86

Il vaut mieux aller au moulin qu'au
médecin (an apple a day keeps
the doctor away) 41

Il vaut mieux être marteau qu'enclume
(it's better to be a hammer than
a nail) 62

Il vaut mieux s'adresser à Dieu qu'à
ses saints (it's better to talk to
the organ-grinder than the
monkey) 73

Il y a plus d'un âne à la foire qui
s'appelle Martin (don't jump to
conclusions) 3

Impossible n'est pas français (there
is no such word as "can't") 110

L

Les jours se suivent et ne se
ressemblent pas (what a day
may bring, a day may take
away) 100

Le loup retourne toujours au bois
(one always goes back to one's
roots) 30

Les loups ne se mangent pas entre
eux (dogs do not eat dogs) 23

M

Un malheur ne vient jamais seul (it
never rains but it pours) 112

Le mieux est l'ennemi du bien
(better is the enemy of good)
114

Les murs ont des oreilles (walls
have ears) 63

N

Ne réveillez pas le chat qui dort (let sleeping dogs lie) 8

Noël au balcon, Pâques aux tisons (a warm Christmas spells cold weather for Easter) 102

La nuit, tous les chats sont gris (all cats are gray in the dark) 103

Nul n'est prophète en son pays (no man is a prophet in his own country) 91

O

L'occasion fait le larron (opportunity makes a thief) 38

On ne marie pas les poules avec les renards (different strokes for different folks) 27

On ne peut pas avoir le beurre et l'argent du beurre (you cannot have your cake and eat it too) 46

On ne peut pas être à la fois au four et au moulin (you can't be in two places at once) 54

On ne prête qu'aux riches (the rich only get richer) 42

P

Paris ne s'est pas fait en un jour (Rome wasn't built in a day) 88

Petit à petit, l'oiseau fait son nid (every little bit helps) 14

Les petits ruisseaux font les grandes rivières (tall oaks from little acorns grow) 92

Q

Quand le diable devient vieux, il se fait ermite (new converts are the most pious) 70

Quand le vin est tiré, il faut le boire (as you make your bed, so you must lie upon it) 53

Quand on parle du loup, on en voit la queue (speak of the devil [and he will appear]) 22

Qui casse les verres les paie (as you make your bed, so you must lie upon it) 51

Qui craint le danger ne doit pas aller en mer (if you can't stand the heat, get out of the kitchen) 85

Qui naît poule aime à caqueter (a leopard cannot change its spots) 12

Qui n'entend qu'une cloche n'entend qu'un son (hear the other side and believe little) 58

Qui ne risque rien n'a rien (nothing ventured, nothing gained) 118

Qui se couche avec les chiens se lève avec des puces (if you lie down with dogs, you will get up with fleas) 26

Qui se fait brebis le loup le mange (nice guys finish last) 6

Qui sème le vent récolte la tempête (as you sow, so shall you reap) 106

Qui se ressemble s'assemble (birds of a feather flock together) 78

Qui s'y frotte s'y pique (don't get too close or you'll be burned) 111

Qui terre a, guerre a (he that has land has quarrels) 93

Qui va à la chasse perd sa place (step out of line and you'll lose your place) 109

Qui veut la fin veut les moyens (the end justifies the means) 72

Qui veut voyager loin ménage sa monture (slow and steady wins the race) 94

Qui vole un œuf vole un bœuf (give someone an inch and he'll take a mile) 5

R

La raison du plus fort est toujours la meilleure (might makes right) 117

S

Si jeunesse savait, si vieillesse pouvait (youth is wasted on the young) 80

Souris qui n'a qu'un trou est bientôt prise (better safe than sorry) 29

T

Tant va la cruche à l'eau qu'à la fin elle se casse (enough is enough) 61

Tel est pris qui croyait prendre (hoist by your own petard) 116

Tel qui rit vendredi dimanche pleurera (laugh on Friday, cry on Sunday) 97

Tous les goûts sont dans la nature (it takes all kinds [to make a world]) 87

Tout soldat a dans son sac son bâton de maréchal (the sky is the limit) 40

Tout vient à point à qui sait attendre (all things come to those who wait) 119

Toute peine mérite salaire (a laborer is worthy of his hire) 115